Découvrez l'histoire par les archives de presse

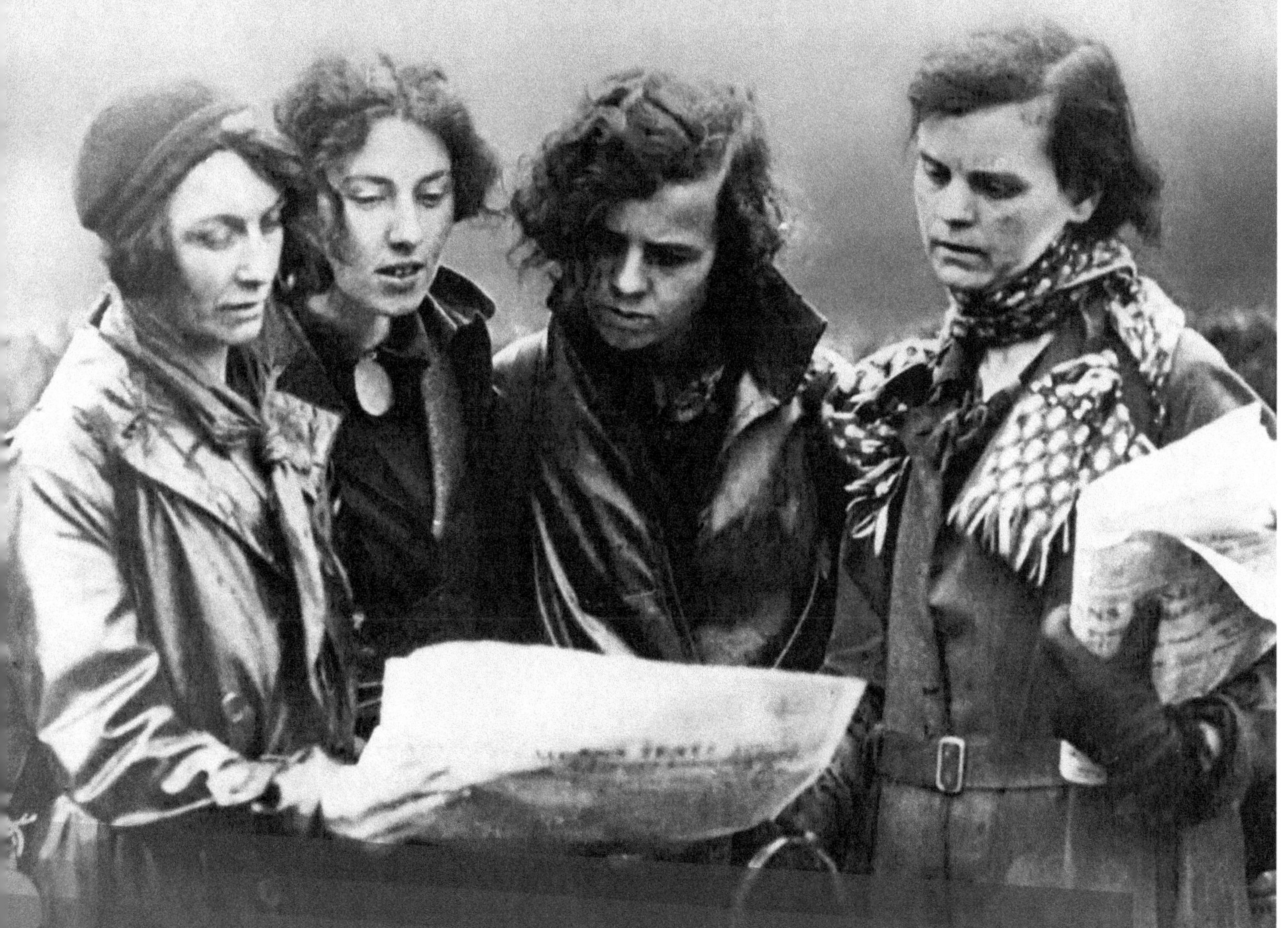

RETRONEWS

Le site de presse de la BnF

www.retronews.fr

43ᵉ année — Tome XX — N° 1

BULLETIN
DE LA
SOCIÉTÉ D'ETHNOGRAPHIE

Reconnue comme Établissement d'utilité publique

Publié par **CÉLESTIN PRET**, secrétaire-général

Avec le concours de MM. BEUCHAT, G. DE DUBOR, CH. LEMIRE, LÉON DE ROSNY
et P. DE VILLERS
membres de la Commission de Publication

Présidence de M. Paul GUIEYSSE

SOMMAIRE

INDEX ANALYTIQUE
DES
DEUX PREMIÈRES SÉRIES DU BULLETIN DE LA SOCIÉTÉ D'ETHNOGRAPHIE

devant former le tome XX de la Collection du Bulletin

PAR EDME GALLOIS
secrétaire-adjoint de la Société d'Ethnographie

PARIS
ERNEST LEROUX, ÉDITEUR
28, rue Bonaparte, 28

L'ABONNEMENT AU VOLUME COURANT : 8 francs
sans distinction de pays
Un numéro séparément 1 franc. — Pour les Membres 50 cent.

SOCIÉTÉ D'ETHNOGRAPHIE

reconnue comme Établissement d'utilité publique
par décret du 14 juin 1880

28, rue Mazarine, à Paris

BUREAU POUR 1903

Président : Paul GUIEYSSE, député, ancien ministre, 2, rue Dante, Vᵉ.

Vice-Président : Léon DE ROSNY, 28, rue Mazarine, VIᵉ, (reçoit au bureau les samedis, de 5 à 7 heures).
— Le Dʳ DELBET, 2, rue des Beaux-Arts.

Secrétaire-Général : C.-A. PRET, docteur en droit, 39, rue Monge, Vᵉ, (reçoit au secrétariat, les jeudis de 6 à 7 heures).

Secrétaire-Adjoint : Charles FAVART, 5, rue Linné (reçoit au secrétariat les jeudis de 6 à 7 heures).

Trésorier : Ch. BEUCHAT, 4, rue Malher (reçoit au secrétariat, les mercredis, de 2 à 4 heures).

Conditions pour faire partie de la Société.

Les personnes qui désirent faire partie de la Société doivent en adresser la demande au secrétaire-général, 28, rue Mazarine, en joignant à leur demande les pièces suivantes : 1º Nom, prénoms et adresse exacte ; — 2º indication des études dont on s'occupe dans le ressort des travaux de la Société ; — 3º une valeur de TRENTE-CINQ francs représentant le droit d'entrée et la première cotisation annuelle. (Les autres années, la cotisation est de 30 francs pour les membres titulaires ou de 15 francs pour les membres Correspondants).

Publications.

Les membres reçoivent l'année de leur admission le *Bulletin* trimestriel et les *Mémoires* de tous les Comités faisant partie de la Société d'Ethnographie. Les autres années, ils reçoivent le *Bulletin*. S'ils désirent continuer à recevoir les Mémoires de tous les Comités, ils doivent acquitter la cotisation annuelle des membres Titulaires (30 fr.).

Diplômes.

Les membres peuvent se faire délivrer un Diplôme gratuitement sur papier ou moyennant 5 francs *sur parchemin*. — En adresser la demande au secrétaire-général.

Séances.

Les membres habitant Paris et la circonscription reçoivent à domicile des convocations pour les séances ordinaires et générales. Tous ces membres peuvent prendre part aux élections par envoi de leur vote sous pli cacheté.

BULLETIN

DE LA

SOCIÉTÉ D'ETHNOGRAPHIE

reconnue comme Établissement d'utilité publique

Publié par **Célestin PRET**, secrétaire-général

AVEC LE CONCOURS DE

MM. G. DE DUBOR, EDME GALLOIS, LÉON DE ROSNY, le D^r EUG. VERRIER, et GEORGE BARCLAY

Membres de la Commission de Publication

PRÉSIDENCE DE M. LÉON BOURGEOIS, PRÉSIDENT

INDEX ANALYTIQUE

des *Actes* et du *Bulletin de la Société d'Ethnographie*

(TOME I A XX)

par **Edme GALLOIS**

A

Aarhus. — Introduction de l'Imprimerie dans l' —, XVII, 21.

Abdoullah ben Abdoulkader, XIII, 285.

Aborigènes. — d'Australie, XII, 30 ||. — des Philippines, XIV, 173.

Absorption. — De la puissance d' — du peuple Chinois, XVIII, 180.

Abyssinie. — Les explorateurs de l' —, XI, 275 ||. Ethnographie de l' —, XVIII, 261, 321 ||. Le caractère du Christianisme de l'Éthiopie abyssinienne, XIX, 155 ||. Voy. *Éthiopie.*

ACCADIENS. — Sur la langue des —, VII, 230.

Accouchements. — Les — en Chine, XI, 49 ||. Les — en Afrique,
XI, 144, 171 ||. Divinités qui président aux —, XVIII, 353 ||.
Voy. Obstétrique.

Accroissement des capitales, XV, 214.

ACHANTIS, VI, 216.

Acupuncture Chinoise, XI, 155.

Adages. — Cambodgiens, XVIII, 253 ||. Voy. Dictons, Pro-
verbes.

Adelphogamie, XIII, 252.

Adorateurs du Diable, XVII, 88.

Afghanistan. — Ethnographie de l' —, XV, 230 ; XVII, 64.

Afrique. — Relations des anciens Américains avec les peuples
de l' —, IV, 262, 300 ||. Les accouchements en —, XI. 144 ||.
Généralités sur l' —, XII, 219 ||. Stanley et ses explorations
en —, XIII, 85 ||. Des races noires de l' —, XIII, 116 ||. De
l'exercice de la souveraineté chez les peuples de l' —, XIV,
36 ||. La religiosité chez le Nègre d' —, XVIII, 20 ||. Les ra-
ces primitives de l' — Australe et les Boers, XIX, 142 ||. So-
ciété Africaine, XII, 210.

Age de pierre. — en Chine, V, 225 ||. L' — de pierre et le Con-
grès archéologique de Copenhague, VI, 150.

Agriculture. — des Chinois, I, 23.

AÏNO. — La langue —, I, 76 ; XII, 167 ||. Le peuple —, IX, Sp.,
17 ; XVIII, 274, 395.

Alcool. — En Indo-Chine, VIII, 151 ||. Influence de l' — sur
la dépopulation, XVIII, 227.

Alcoolisme. || Voy. Alcool.

ALÉOUTES (Les) et leurs légendes, VII, 87.

Algérie. — Les Kabyles et la colonisation en —, V, 171 ||.
Ethnographie de l' —, XIV, 64 ||. Avantage ethnographique
d'une communication facile et sûre entre l' — et le Soudan
français, XV, 128.

ALIKHOOLIP (Les). X, 197.

Alimentation (L') primitive de l'Italie et de la Grèce, II, 142 ||.
L' — des aborigènes de l'Australie, XI, 34 ||. L' — en Chine,
XI, 46 ||. De l' — physiologique, XVIII, 194.

Allard (Dr Camille). — Cartes manuscrites de la Dobroudja,
I, 12.

Allégorie (L') de l'Éden, XVIII, 35.

Allemagne. — De l'Ethnographie de l' —, V, 278 ||. De la toxicologie en —, XI, 307 ||. Lutte entre les langues danoise et allemande, XVII, 31.

Alliance Scientifique universelle, XVIII, 78.

Allison (L'île), XI, 223.

Alphabet. — unitaire linguistique, II, 47 ||. L'— international linguistique de M. Léon de Rosny. Rapport de M. Jules Oppert, VI, 199 ||. Origine de l' — cunéiforme perse, VIII, 310.

Alsace ||. Voy. *Lorraine.*

Ambiantisme (L') en Ethnographie. XIX, 173. 203 ||. Voy. Atavisme, Milieux.

Ame humaine. L' — au point de vue de la science ethnographique. IX, 9.

Américain. || Voy. *Amérique*, Langue

Américanisme. — Discours de G. Éloffe sur l' —. XVII, 260.

Américanistes. — Alexandre de Humboldt américaniste. IV, 197, 279 ||. Congrès international des —. VIII, 163, 272 : XIV, 110 ||. Essays of an Americanist. XV, 76.

Américains || Voy. Rig-Veda.

Amérique. Communication inter-océanique dans l' — Centrale I, 16 ||. Isthme de l' — centrale. I, 16 ||. Exploration de l' —. I, 73 ||. Discours d'ouverture de la seance générale de la Section Américaine, par Jomard. I, 90 ||. Voies de communication de l' —. I, 97, 131 || L' —. I, 99 ||. Des origines et antiquités américaines I, 105 ; IV, 23, 348 ||. Histoires ante-colombiennes. I, 109 ||. Progrès de l'ethnographie américaine en 1858 et 1859. I, 117 ||. De l'importance et de la classification méthodique des études americaines. IV, 23 ||. Étude d'archéologie américaine. IV, 35 ||. L'eléphant était-il connu des anciens Américains ? IV, 37 ||. Lettres sur les États-Unis d' —. IV, 61 ||. Ouvrages sur l' —. IV, 66, 188, 254 ||. Le Déluge, d'après les traditions indiennes de l' — du Nord. IV, 88, 310 ||. L' — avant sa découverte. IV, 98 ||. Rapport sur la formation d'une Commission scientifique americaine. IV, 111 ||. Rapports entre l'Asie et l' — ancienne. IV, 126 ||. Relations des anciens Américains avec les peuples de l'Europe, de l'Asie et de l'Afrique. IV, 162, 300 ||. De l'unité de la race américaine, IV, 175 ||. Transformation geologique des côtes de l' —. IV, 191 ||. Écriture hiératique de l' — Centrale. IV,

241 : IX, 48 ||. Travaux du comité d'archéologie américaine de Paris. IV, 321 ||. Le tabac et ses accessoires parmi les indigènes de l' —. IV, 356 ||. Étude sur les origines bouddhiques de la civilisation américaine. V, 269||. Le Fou-sang et les rapports des Chinois et des Américains dans l'antiquité. Le Li-Sao. VI, 171 : VIII, 238 ||. Origines américaines des Chinois. VI, 174 ||. Le tale graphique en —. VI, 351 ||. Affinité des langues américaines et océaniennes. VIII, 109 ||. La faune Américaine. VIII, 161 ||. Les crânes dorés de l' —. VIII, 162 ||. Consommation du maïs chez les anciens Américains. VIII, 212 ||. La plus ancienne carte générale d' —. VIII, 123 ||. Le métissage en —. VIII, 221 ||. De l'universalité de l'écriture dans l' — ancienne. VIII, 235 ||. L' —, les anciens Chinois, et le pays appelé « Fou-sang ». VIII, 238 ||. Origines des Américains, suivant Haeckel. VIII, 265 ||. Publications de la Société Américaine. VIII, 279 ||. Ethnographie de l' — du Nord. VIII, 329 ||. Rôles des métis dans la colonisation anglaise du Nord-Ouest américain. IX, 55 ||. Ethnographie de l' — du Sud. X, 191 ||. Origine des anciens peuples civilisés de l' — centrale. XI, 263 ||. Notions ethnogéniques et ethnographiques sur les indiens de l' —. XII, 102 ||. Parallèle de l'idée de civilisation en Europe et en —. XII, 258 ||. La littérature écrite de l'antiquité américaine et le déchiffrement des textes hiératiques Mayas. XII, 289 ||. Discovery of the Origin of the name of « America ». XIV, 81. || Rig Veda Americanus. XIV, 81 ||. Ethnographie de l' — centrale. XIV, 108 : XVIII, 408 ||. Introduction de l'imprimerie dans l' — centrale et l' — du Sud. XVII, 191 ||. Discours de G. Éloffe sur l' —. XVII, 260 ||. Les races inférieures de l' — précolombienne. XVIII, 284 ||. L'assimilation des nationalités en —. XIX, 186 ||. Voy. *Fou-sang.*

Amour. — Le fleuve —. II, 189.

Anariennes. — Sur l'origine et le caractère des inscriptions cunéiformes —. VII, 233.

Ancêtres (Les) au Cambodge. XVIII, 181 ||. Les funérailles et le culte des — chez les Coréens. XIX, 257.

ANDAMÈNES ||. Voy. Papous.

Andayile ||. Voy. Limo lo Pahalaa.

ANDÉENS (Les). X, 191.

Anglaise. — Rôle des métis dans la colonisation — du Nord-Ouest américain. IX, 55.

Angleterre. — Les unitairiens en —. XV, 14 ‖ Introduction de l'imprimerie en —. XVII, 47.

Anglicans. — L'Eglise anglicane XVI. 13, 51.

Animaux. — Longévité des —. XVII, 33.

Annam. — Une colonie chinoise dans l' —. XVIII, 296 ‖. Voy. *Kiao-tchi, Lao, Fou-nan, Tchih-tou*.

ANNAMITES. — Anthropologie, pathologie, ethnographie des — XI, 44 ‖. Le culte et les croyances populaires des —. XIX, 76.

Année géographique. Rapport sur le livre de Vivien de Saint-Martin. VI, 18.

Annuaires 1859. I, 5 · 1859-64 III, 254 : 1864-65. V, 116 : 1866-67. V, II : 1874-73. VII, 279 ; 1874-78 VIII, 405 : 1878-80. IX, 117 : 1880-86. X, 222 : 1889. XII, 305 : 1890. XIII, 326 : 1893. XVI, 242 : 1894 XVII, 130 : 1895. XVII, 342 : 1896. XVIII, 113 : 1897 XVIII, 212 : 1898. XVIII, 305 : 1899. XVIII, 433 : 1900 XIX. 116.

Ante-colombien — Voy. *Colombie*

Ante-sémitique — La civilisation —. XIX, 132.

Antiquité, antiquités. — ‖ Des antiquités mexicaines. IV, 129 ‖ Des origines et — américaines. IV, 348 ‖ Le Fou-sang et les rapports des Chinois et des Américains dans l' —. Le Li-sao. VI, 171 ‖ Sceaux et autres antiquités des Mexicains. VI, 348 ‖ — du Michigan. VIII, 162 ‖ La littérature écrite de l' — Américaine. XII, 289 ‖ Les symboles mythologiques de l' —. XVII, 232 ‖ Antiquités néo-zélandaises. XVIII, 274.

Anthropologie. — Congrès international d' — et d'archéologie préhistoriques. Paris, 1867. VI, 352 ‖ — des aborigènes d'Australie. XI, 30 ‖ — des Chinois et des Annamites. XI, 44 ‖ — des Néo-Calédoniens, XI, 231 ‖ — des Bulgares. XII, 37 ‖ Collection anthropologique heliographiée de la Société d'Ethnographie. XIII, 269.

Anthropometrie. — Instruments d' —. VI, 151.

Anthropophagie (l') en Océanie. VIII, 353.

ANTIS (Les). X, 196.

Aphorismes médicaux des Chinois. XI, 161.

APOLITAS (Les). ‖ Voy Antis.

Apollonius de Tyane. XV. 59, 87, 154, 181.

6   SOCIÉTÉ D'ETHNOGRAPHIE

Aptitudes des races et des nations. VI, 85, 238 ‖ Théorie ethnographique des —. VI, 92, 116, 123 ‖ — colonisatrices des Français. XI, 292.

ARABES. — Le droit musulman chez les —. X, 85 ‖ Les — au Congo, XVIII, 144.

Arabie. — Ethnographie de l' —. IX, 105.

Arbitrage. — De l' —. XVI, 169.

ARAUCANOS (Les). X, 196.

Archéologie. — Étude d' — américaine comparée. IV, 35 ‖ Travaux du comité d' — américaine de Paris. IV, 321 ‖ Congrès international d'anthopologie et d' — préhistorique Paris, 1867, VI, 352 ‖ — préhistorique. VII, 240 ‖ Une tranchée de chemin de fer de Moliendo à Arequipa en 1868. Détails archéologiques. VIII, 129 ‖ — lorraine, VIII, 324.

Archipel malais connu des anciens Chinois. IX, S P., 26 ‖ — indien connu des anciens Chinois. IX, S P,, 83, 90.

Arequipa. — Chemin de fer de Moliendo à — en 1868. Détails archéologiques. VIII, 129.

Aretys (Les). XI, 317.

Argentine. — Produits de la République —. IV, 325.

Armée (L') du Salut et la colonisation. XIX, 239.

Arménie. — Ethnographie de l' —. VI, 132.

Arméniennes. — Etudes —, VII, 225.

Armes et ustensiles des Néo-Calédoniens. XI, 235.

ARROUAKS (Les). X, 208.

Art. — Monuments de l' — américain. I, 95‖ L' — au Japon. VII, 200 : XIX, 42.

Arve (Stéphen d'). — Miettes de l'histoire de Provence. XI, 27.

ARYENS. — Monothéisme des —. VI, 128 ‖ Les —. XIV, 241.

Asiatique ‖ Voy. Asie.

Asie. — Affinités du japonais avec certaines langues du continent asiatique. II, 123 ‖ Rapports entre l' — et l'Amérique ancienne. IV, 126 ‖ Relations des anciens Américains avec les peuples de l' —. IV, 162, 300 ‖ Études asiatiques, V, 222 ‖ Ethnographie de l' — orientale, d'après les Chinois. VII, 37 ‖ La modification des types de race en —. XVIII, 257 ‖ Les grandes migrations préhistoriques en —. XVIII, 289 ‖ Ethnogénie de l' — orientale. XVIII, 291 ‖ Hydrographie de l' — centrale. XVIII, 347 ‖ Hydrographie préhis-

torique de l' —. XVIII, 380 || De la colonisation dans l' — orientale. XIX, 265 || La déclaration des Droits de l homme dans l' — orientale. XIX, 271.

Assimilation (L') des nationalités en Amérique. XIX, 186.

Assyriens. — Les noms propres —. II, 62.

Assyriologiques. — Études —. VII, 246.

Astres. Voy. Astrolâtrie.

Astrolâtrie. XIX, 266.

Atamacas (Les), X, 193.

Atavisme (l') et l'influence des milieux, XIX, 167 || Voy. Ambiantisme.

Atome. — L' — et sa fonction dans les doctrines indiennes, VIII, 13.

Aucapitaine (H.). — Les Kabyles et la colonisation en Algérie. V, 171.

Australie. — Peuplade chauve en —. V, 48 || Les Boumerangs australiens. VI, 247 || Les aborigènes de l' —. XI, 30 || La femme, le mariage, la famille en —. XIV, 143.

Autriche. — Introduction de l'Imprimerie en — XVII, 47.

Aucas (Les). X, 197.

Avesta. — La médecine dans l' —. XI, 202.

Aymaras (Les). X, 192.

Aymonier. — Inscriptions cambodgiennes. VIII, 299

Aymoros (Les) X, 208.

B

Babylonien. — Traduction d'un cylindre —. II, 5.

Bacille. — Le — de Kock ; son influence sur la tuberculose. XVIII, 162.

Bhagavat-Gita. II, 87.

Ball (Dyer). — How to write radicals. XIII, 323.

Le Balleur. — Les explorateurs de l'Abyssinie. XI, 275.

Banquet tenu à l'occasion du XXe anniversaire de la fondation de la Société, 1859-79. Discours, toasts. IX, 91 || Banquet offert à M. Carnot, à l'occasion de la reconnaissance de la Société d'Ethnographie comme Établissement d'utilité publique. X, 61 || Banquet annuel de 1888. XII, 174.

Barclay (George). — Le Mashonaland. XVII, 23 || La Corée

actuelle, XVII, 34 ‖ Le Temple de Gava. XVII, 35 ‖ La sécheresse. XVII, 111 ‖ Un livre étrusque. XVII, 112 ‖ Rapport
annuel, 1893. XVII, 123 ‖ Une nouvelle route autour du
monde. XVII, 218 ‖ Les Arabes au Congo. XVIII, 144 ‖
Ethnographie chypriote. XVIII, 145 ‖ La frontière finno-suédoise. XVIII, 324 ‖ Les Chrétiens aux Indes. XVIII, 325 ‖
Ethnographie des Tangoutes. XVIII, 338 ‖ L'hydrographie
de l'Asie centrale. XVIII, 347 ‖ Des inégalités ethniques.
XVIII, 417 ‖ Les influences climatologiques. XIX, 22 ‖ L'assimilation des nationalités en Amérique. XIX, 186 ‖ L'armée
du salut et la colonisation. XIX, 239.

Barès (J.). — L'ortographe simplifiée. XIX, 98.

Bargès (l'abbé). — Rapport sur son ouvrage intitulé « Tlemcen ». I, 31.

Barmanie (La). XVII, 268.

Barmane. — La langue —. XVII, 202.

BASQUES. — Origine des — de France et d'Espagne. VII, 67 ‖.
Le mot « pierre » en basque. VII, 240.

Bassam. — Le Grand-Bassam. XV, 141.

BASSOUTOS ‖ Voy. Cafres.

Bastian (Dʳ A.). — Son voyage au Siam. VIII, 311 ‖ Ethnographie de la Micronésie. XIX, 196.

Beauvois (E.). — Réponse à M. Gisli Brynjulfsson sur la
Grande-Islande des Sagas. IX, 29.

Behrnauer (Dʳ Walter). — Les maladies et leur influence
sur le commerce du Monde. XVIII, 37, 60, 67, 83.

Beitrage zur chinesischen Grammatik. Die Sprache des Puang
tsi. XIII, 83.

Belgique. — Introduction de l'Imprimerie en —. XVII, 20.

Bellecombe (A. de). — De l'importance et de la classification méthodique des études américaines. IV, 7.

Bengale. — La vie des femmes au —. XVI, 79.

Bengali (Le). XVIII, 46.

Benoist (J.-H.). — Des origines et antiquités américaines.
IV, 348.

Benton-Rock. — Inscription de —, IX, 46 (Planche).

BERBÈRES. — Sur l'ethnographie des peuples —. VII, 163.

Berghaus. — Ethnographie de l'Indo-Chine d'après —. IX,
S. P. 88.

Bermondy (Th.). — Affinités des langes oceaniennes et américaines. VIII, 109.

Bernard (Claude). — Rapport de la philosophie avec la physiologie par —. Rapport de Ch. Schoebel. III, 203 || Claude Bernard et son principe du Criterium expérimental. IX, 63.

Bernier (J.). — Les Néo-Calédoniens. XVII, 109.

Bertrand (Alex.). — Les forteresses gauloises. XI, 187.

Bétel. — Le — en Indo-Chine. VIII, 131.

Bhagavat-Gita (Le). II, 87.

Bibliographie. — Essai sur la — des ouvrages relatifs a l ethnographie. III, 7 || — américaine. IV, 66, 1888, 255, 397 || — ethnographique. V, 46, 50, 193 : VII, 181 : XIX, 47, 64, 98, 138, 172, 244, 276 || — japonaise. V, 289 || — coréenne. XVIII, 77 || — des migrations orientales. XVIII, 402.

Bibliotheque. — Rapport sur la — et le muséc de la Sociéte. VII, 229. || Voy. Ouvrages offerts.

Birmanie. — Les religions en —. XIX, 242.

Birmans. — Ethnographie des —. XIV, 167.

Blanche. — Notice sur P.-A. Blanche. XVII, 56.

Block (Maurice). — La proportionnalite des sexes. XVIII, 379 || Les signes qui font reconnaîtrc qu'un pays est surpeuplé. XIX, 27 || L'unite de l'espèce humaine et l'idée de patrie chez les Chinois. XIX, 75 || Discours sur l'Ethnographie. XIX, 102 || La lutte des classes sociales. XIX, 245 || L'inégalité native des hommes. XIX, 270.

Boalemo ||. Voy. Limo lo Pahalaa.

Boban (Eug.). — Les masques des anciens Mexicains, VI, 277||. Sceaux et autres antiquités des Mexicains, VI, 348 ||. Crânes mexicains. VI, 350.

Boers. — Les races primitives de l'Afrique Australe et les —, XIX, 142, 151.

Bohrmann (B). — Des avantages du végétarisme au point de vue materiel et intellectuel, XV, 202 : XVII, 141, 175.

Bojismen ||. Voy. Boschimen, Boschimans.

Bonis (Les). X, 208.

Bonté (A). — Rapport sur l'unité de l'espèce humaine par M. de Quatrefages. III, 149 ||. Don a la Société. III, 136,

137 ||. Recherches faites et à faire sur l'origine de la race mexicaine indigène. IV, 133.

Bonzon (J.). — Les ordres monastiques de femmes dans le Bouddhisme. XVI, 113, 141.

Bornéo. — Les connaissances des anciens Chinois sur —. IX, S P., 25.

BOSCH (Les). X. 208.

BOSCHIMANS (Les). Voy. Boschimen.

BOSCHIMEN (Les). VI, 157, 218 : XIX, 144 ||. Dialecte —. VI, 236.

BOTOCUDOS (Les). X, 208.

Bouddha. — L'Inde avant le —. XVI, 25 || Le —, sa vie, sa doctrine, sa communauté. XVII, 29 ||. Bouddha, XIX, 77.

Bouddhisme. — Le — et son fondateur. VIII, 303 || Notion de la liberté dans le — ésotérique. XI. 241 || La pitié filiale au point de vue du —. XIV, 57 ||. L'Inde avant le —. XIV, 225, 239 ||. Une conférence sur le —. XV, 81 ||. La morale du —. XV, 116 ||. Les ordres monastiques de femmes dans le —. XVI, 113, 141 ||. Le — et la Révolution sociale. XVII, 217.

Bouddhiques. — Études sur les origines — de la civilisation américaine. V, 269 ||. — Études —. VII, 222 : XIV, 302 ||. Le Nirvâna bouddhique. XV, 25 ||. Le catéchisme —. XVII, 65.

Bouddhistes. — Les Dêvas chez les —. XIV, 53 ||. Les — en Birmanie. XIX, 242.

BOUGHI. — Sur la langue —. VIII, 292.

Boumerangs. — Les — Australiens, VI, 247.

Bourbourg ||. Voy. **Brasseur de Bourbourg**.

Bourgarel (A.). La peine de mort à Madagascar. XV, 153 ||. Le génie des races tartares. XV, 199.

Bourgeois (H.). — Fouilles au tumulus de Mixco. VII, 160.

Bourgeois (Léon). Discours d'installation à la présidence, XIX, 126.

Bourges. — Pragmatique sanction de —. XVII, 12.

Bourgoing (le baron Paul **de**). — Discours à l'ambassadeur de Perse Hassan-Ali-Khan. I, 20 ||. Discours d'ouverture de la séance générale de la Section Orientale. I, 41 ||. Don à la Société. I, 81 ||. Son éloge funèbre. V, 129 ||. Ses œuvres. V, 144.

Bourgoint-Lagrange. — La langue internationale. XVII, 235 || L'inferiorite de la femme. XVIII, 25, 137, 155 ||. La prononciation du Grec. XVIII, 162 || Les ceremonies du mariage dans l'ancienne Gascogne. XVIII, 322 || Ethnographie Landaise. XVIII, 338, 344 ||. Les funérailles dans les Landes de Gascogne. XVIII, 340 ||. Les patois français. XIX, 21 ||. La conservation des langues et des patois. XIX, 41.

Brasseur de Bourbourg (l'abbe). Lettre datée de Guatémala. I, 73 || Des antiquités mexicaines. IV, 129 ||. Les Sémites et le monothéisme. VI, 129 ||. Chronologie historique des Mexicains. VII, 77 ||. Notice historique sur —. VIII, 139.

Brazza (Savorgnan de). XII, 216.

Brazil ||. Voy. *Bresil*

Bretagne. — Philologie de la —. VIII, 327.

Brésil. — Etude sur les ouvrages de linguistique brésilienne. VIII, 144 ||. Historia geral do Brazil. VIII, 242 ||. Arrivée des Portugais au —. VIII, 247.

Brinton (D. G.). — Rig Veda Americanus. XIV, 81 || Essays of an Americanist. XV, 76 ||. Races et Peuples. XV, 108.

Le Brun (F.). — Superstitions et préjugés. XVI, 68, 85 ||. Une clef du symbolisme payen demontrée par les Divinités qui président aux enfants. XVII, 72, 150, 181 : XVIII, 329, 350.

Brynjulfsson (Gisli) — Réponse à M. Gisli Brynjulfsson sur la Grande Islande des Sagas. IX, 29.

Bulgares. — Les — et leur place dans la classification ethnographique des peuples européens. XI, 116 || Ethnographie et anthropologie des Bulgares. XII, 37, 91, 115 || Linguistique bulgare. XII, 47 || Ethnogénie des —. XII, 64.

Bulgarie (La) VI, 279.

Bureau et Conseil pour 1858-59. I, 5 || 1860. I, 71.

Buschman, Buscumen ||. Voy. Boschimen.

Buschmann. — Grammaire des langues sonoriennes, principalement des idiomes tarahumura, tepeguana, cora et cahita IV, 250.

Bushmen. Voy. Boschimen

C

Cafres. — Ethnographie des pays —. VI, 157, 217, 264 || Les —. XIX, 148.

Cahita. — Idiome. — IV, 250.

Cahun (Léon). — Les populations noires primitives. XVIII, 177.

Calendrier des anciens peuples du Mexique. XI, 272.

Californie. — Ethnographie de la —. XIX, 252.

Calvitie. — Une peuplade chauve en Australie. V, 48.

Cambodge (Le). Notice traduite du chinois. VI, 146 || Inscriptions du —. VIII, 299 ||. Législation du —. XVII, 253 ||. La piété filiale au —. XVIII, 175 ||. Les ancêtres au —. XVIII, 181 ||. Les Namœun au —. XVIII, 183 ||. Devoirs des femmes au —. XVIII, 205 ||. Devoirs des jeunes garçons au —. XVIII, 235.

Cambodgiens. — L'éducation chez les —. XVIII, 169, 181, 205, 233, 253 ||. La mère cambodgienne. XVIII, 171 ||. Devoir des mandarins —. XVIII, 184 ||. L'esprit religieux des —, XVIII, 239 ||. Proverbes, dictons et adages —. XVIII, 253.

Cambodge, Cambodgiens. || Voy. Cambodge, Cambodgiens.

Canne à sucre. IX, 35.

Cap. — Dialectes du —. VI, 235.

Capel (Le). XII, 281.

Capitales. — L'accroissement des —. XV, 214.

Caractères — de la langue française au IXe siècle. VI, 315 ||. Les — extérieurs comparés des Chinois et des Japonais. VII, 241, 247.

Caraïbes (Les). X, 206.

Carlier (P.). — Ethnographie de la Minocrésie, d'après A. Bastian. XIX, 196.

Carnot (H.). — Allocution prononcée à la séance du 5 juin 1876. VIII, 135 ||. Discours d'ouverture de la séance générale du 4 décembre 1876. VIII, 169 ||. Discours d'ouverture de la séance du 3 décembre 1877. VIII, 383 ||. Toast porté au Banquet donné à l'occasion du XXe anniversaire de la fondation de la Société. 1859-1879. IX, 92 ||. Toast porté au Banquet donné à l'occasion de la reconnaissance de la Société d'Ethnographie comme Établissement d'utilité

publique. X, 61 ||. Discours prononcé à l'ouverture de la séance générale de l'Alliance Scientifique universelle, le 12 juillet 1886. X, S. P. 13 || Sur le Saint-Simonisme. XI, 78 ||. La Collection Anthropologique héliographiée de la Société d'Ethnographie. XIII, 269 ||. Nécrologie et obsèques XII, 57 ||. Notice historique sur —. XIII, 6.

Cartes manuscrites de la Dobroudja. I, 12 ||. Rapport sur la carte ethnographique de la Russie. III, 147 || La plus ancienne — genérale d'Amérique VII, 213 || — linguistique de l'Inde cisgangétique IX, 71.

Cartes et planches. || Voir à la fin de l'index.

Casalis. — Ethnographie des pays Cafres. VI, 264.

Casartelli. — La medecine dans l'Avesta ou la médecine mazdéenne. XI, 202.

Castaing (Alph). — Sur la chevelure. I. 25 ||. Rapport sur « Tlemcen », de l'abbé Barges. I, 31 ||. Rapport sur les études semitiques et sur quelques autres publications relatives à l'Orient. I, 60 ||. Rapport sur la définition de l'Ethnographie. II, 6 ||. Alimentation primitive des habitants de la Grèce et de l'Italie. II, 142 ||. Étude sur le prognathisme. III, 179 ||. Don à la Société. III, 231 ||. Des origines americaines. IV, 23 ||. Alexandre de Humboldt americaniste. IV, 197, 279 ||. Classification ethnographique des races humaines. V, 162, 175 || Place de la Linguistique dans les etudes ethnographiques. V, 233 ||. Sur l'ethnographie des Ibères. VII, 236 ||. Programme de la science ethnographique. VIII, 70 ||. L'orientation des édifices religieux dans l'antiquité. VIII, 107 ||. Les crânes dorés de l'Amérique. VIII, 162 || Consommation du mais chez les anciens Americains. VIII, 212 ||. Condition de la femme mariée chez les Juifs, au premier siecle avant Jesus-Christ. VIII, 390 ||. Toast porté au banquet donne à l'occasion du XXe anniversaire de la fondation de la Société 1859-1879. IX, 97 ||. Des croyances d'outre-tombe chez les Hébreux IX, 100 ||. Les moyens de navigation chez les anciens Péruviens X, 109 || Les Gaulois. X 141 ||. Les fonctions intellectuelles. XI, 281, XII, 7, 129, 153, 198 ||. Ethnogénie des Bulgares. XII, 64 ||. La littérature ecrite de l'antiquité americaine et le déchiffrement des textes hiératiques Mayas. XII, 289 ||. Apollonius de Tyane. XV, 59, 87, 134, 181 ||. Ma-

homet. XVI, 182, 205 ||. Nécrologie. XII, 293 ||. Discours de
M. de Rosny aux obsèques. XII, 295 ; de M. C. Pret. 297; de
M. E. Verrier. 300 ||. OEuvre de —. XVIII, 264. || Paul Alphonse Castaing. XVII, 285

Castren (Alex.). — Portrait. XI, 261.

Catéchisme (le) bouddhique. XVII, 65.

Cayugas (Les). || Voy. Guaranis.

Célèbes. — Les îles —. VI, 105.

Celtes. — La langue et le peuple — VII, 11.

Cérémonies — des funérailles en Orient. I, 53 ||. Les — du mariage dans l'ancienne Gascogne. XVIII, 322 || Voy. Funérailles, Mariage, etc.

Cerveau (Le), organe de l'intelligenée. XII, 7.

Cessac (Léon **de**).— Classification ethnographique des races humaines. V, 179.

Chalib-Bey. — Collection égyptienne de —. V, 226.

Challamel. — Don à la Société. III, 110.

Chalon (A.). — Longévité comparée des Sociétés humaines. XVIII, 233.

Changos (Les). X, 193.

Chan-haï-King. IX, S. P. 10.

Charencey (Hyacinthe **de**).— La langue Aïno. I, 76 || Don à la Société. I, 81 || Rapport sur les races humaines et la civilisation, par le Dr Clavel. III, 159 || Le Déluge, d'après les traditions indiennes de l'Amérique du Nord. IV, 88, 310.

Charruas (Les). X, 199.

Charton (Éd). — Nécrologie, XIV, 76.

Chauve || Voy. Chelevelure.

Chemin. || Voy. Routes.

Chemin de fer de Moliendo à Aréquipa. VIII, 129.

Chevaux. — Les courses de — et le pari mutuel. XV, 57.

Chevelure (La) au point de vue ethnographique. I, 25 || Peuplade chauve en Australie. V, 48 || Sur la — humaine. VII, 9.

Cheveux. || Voy. Cheve'ure.

Chicago. — Le Parlement des religions à —. XVII, 165.

Chichimèques (Les). XI, 264.

Chien. — L'homme-chien. VII, 259.

Chine. — l'âge de pierre en —. V, 225 || Les examens littéraires

en —. VI, 219 || Sources de renseignements pour l'étude des religions de la — et du Japon. VI, 244 || Condition de la femme en —. VIII, 185 || La — à l'époque des Tsin. IX, S. P. 94 || La médecine en —. XI, 43, 99, 127, 155 || Hygiène, alimentation, enseignement medical moderne en. — XI, 46 || Accouchements en —. XI, 49 || Maladie des yeux en —. XI, 50 || De la gymnastique en —. XI, 159 || L'hygiène publique en —. XII, 145 — Les institutions politiques et sociales de la — fondées sur la famille, et la famille sur la Piété filiale. XIII, 37 || De l'usage de l'opium en — et des causes de la misère à Péking. XIII, 230 || Introduction de l'imprimerie en —. XVII, 194 — Les progrès de la — depuis 1860. XVII, 236 || La jeune fille de — XVIII, 18 || L'écriture primitive de la —. XVIII, 225 || Les institutions sociales de la —. XVIII, 276 : XIX, 50 || Ethnographie de la — méridionale. XVIII, 338 || Les Monts de piété en —. XIX, 50 || Voy. Chinois.

Chinese. — The proverbs and common sayings of the —. XIII, 139.

Chinesischen. — Beitræge zur chinesischen Grammatik. XIII, 83.

Chinois, chinoise. — Recherches sur l'agriculture et l'horticulture des —. I, 23 || La langue —. I, 81 || Origines de la nation chinoise. III, 139 || Notice traduite des — sur les peuples de l'Indo-Chine. VI, 138 || Notice chinoise sur le Siam. VI, 140 || Notice chinoise sur les Kiao-tchi. VI, 144 || Le Fou-sang et les rapports des — et des Americains dans l'antiquité. Le Li-sao. VI, 171 || Ethnographie de l'Asie orientale, d'après les —. VII, 37 || Philologie —. VII, 182 || Études chinoises. VII, 211 || Les caractères extérieurs comparés des — et des Japonais —. VII, 244, 247 || L'Amerique, les anciens —, et le pays appelé « Fou-sang ». VIII, 238 || Les peuples orientaux connus des anciens —. IX, S. P. 9 || Ethnographie des —. IX, S. P 9 || Relations des anciens — et des anciens japonais. IX, S. P. 19 || L'Archipel Malais connu des anciens —. IX, S. P. 26 || L'Indo-Chine connue des anciens —. IX, S P. 41 || Le Siam connu des anciens — IX, S. P. 56 || Anthropologie, ethnographie, pathologie des —. XI, 44 || Déformation des pieds chez la Chinoise. XIII, 200 || Du rôle des tons dans la langue — parlée. XIII, 279 || De la puissance d'absorption du

peuple —. XVIII, 180 ‖ Une colonie — dans l'Annam. XVIII, 296 ‖ De l'origine des —. XVIII, 389 ‖ Le dualisme dans l'écriture —. XIX, 26 ‖ L'unité de l'espèce humaine et l'idée de patrie chez les —. XIX, 75 ‖ Légende chinoise taoïste. XIX, 248.

Chiriguanos (Les). X, 204.

Chiquitos (Les). X, 200.

Chodzko (Alexandre). — Contes des paysans et des pâtres Slaves. V, 45.

Choléra (Le) chez les peuples de race Jaune. XI, 69 ‖ Nouvelles expériences sur le — XIII, 57.

Cho'-lon. XVIII, 296.

Choquequerao. — L'antique cité de —. IX, 31.

Chrétiens. — Mysticisme chrétien. XVII, 217 ‖ Les — aux Indes. XVIII, 325 ‖ Les — en Birmanie. XIX, 243 ‖ Voy. Christianisme.

Christianisme. — Analogie du — et des cultes païens. — VII, 244. ‖ Le caractère du — de l'Éthiopie abyssinienne. XIX, 155.

Christophe Colomb. ‖ Voy. Colomb.

Chronologie historique des Mexicains. VII, 77.

Chibchas (Les). ‖ Voy. Muiscas.

Chippouans (Les). I, 121.

Chu-'nom. — Les caractères —. XIX, 230.

Chypre. — Ethnographie chypriote. XVIII, 145.

Chypriote. ‖ Voy. Chypre.

Circoncision. — Sur le prolongement des nymphes et la —. VI, 161, 265.

Cisgangétique. — Carte linguistique de l'Inde —, IX, 71.

Civilisateur. — Rôle — de la Russie. XVIII, 203.

Civilisation. — Origine de la —. I, 54 ‖ Les races humaines et la —. III, 159 ‖ Étude sur les origines bouddhiques de la — américaine. V, 269 ‖ De l'infériorité des civilisations précoces. IX, 86, 87 ‖ La — en Finlande. XI, 253 ‖ Parallèle de l'idée de — en Europe et en Amérique. XII, 258 ‖ La lutte des civilisations et l'accord des peuples. XVII, 51 ‖ Rôle civilisateur de la Russie. XVIII, 203 ‖ Des degrés de — et de la classification en ethnographie. XIX, 51 ‖ La — anté-sémitique. XIX, 132.

Classes sociales. — La lutte des —. XIX, 245.

Classification. — Essai sur la — bibliographique des ouvrages relatifs à l'Ethnographie. III, 7 ‖ De l'importance et de la — méthodique des études américaines. IV, 7 ‖ — ethnographique des races humaines. V, 159, 174 ‖ Des aptitudes des nations considérées comme base de la — ethnographique. VI, 85 ‖ De la — en Ethnographie. VI, 89 ‖ — ethnographique des Bulgares. XI, 116 ‖ Des degrés de civilisation et de la — en Ethnographie. XIX, 51.

Claude-Bernard. ‖ Voy. **Bernard.**

Clavel (Dʳ). — Les races humaines et la civilisation. III, 159.

Clics hottentots. VI, 156, 218, 232.

Climatologie intertropicale. XI, 209, 248, 279, 301 ‖ Les influences climatologiques. XIX, 22.

Coca (La). IX, 35, 36.

Cochinchine. — La langue et l'écriture en —. XIX, 229.

Codazzi (Cᵉˡ). — Ses travaux sur le Vénézuéla et la Nouvelle-Grenade, I, 16. ‖ Biographie. I. 16.

Collas (Les). ‖ Voy. Aimaras.

Collection — de peintures hiéroglyphiques Mexicaines IV, 387 ‖ Rapport sur les collections de la Société d'Ethnographie. V, 190 ‖ — Égyptienne de Chalib-Bey. V, 226 ‖ — anthropologique héliographiée de la Société d'Ethnographie. VI, 154, 225 : XIII, 269.

Colomb (Christophe). — Lettres de —. IV, 248 ; V, 63 ‖ Restes de —, IX, 30.

Colombie. — Histoires anté-colombiennes. 1, 109 ‖ l'Amérique précolombienne. XVIII, 284.

Colonie (Une) chinoise dans l'Annam. XVIII, 296.

Colonisateurs. — Les devoirs des —. XIX. 62.

Colonisation (La) en Algérie. V, 171 ‖ Rôle des metis dans la — anglaise du Nord-Ouest américain. IX, 55 ‖ Aptitudes colonisatrices des Français. XI, 292 ‖ La — par la réforme de l'éducation. XIX, 55 ‖ De la — au point de vue ethnographique. XIX, 65 ‖ L'armée du Salut et la —. XIX, 239 ‖ De la — dans l'Asie Orientale. XIX, 265.

Comités. — Travaux des — de la Société d'Ethnographie. XVIII, 302.

Comment on crée une religion. XII, 189.

Commerce. — Les maladies et leur influence sur le — du
  Monde. XVIII, 37, 60, 67, 83.
Commissions. — Règlement des —. I, 23. || Commission scien-
  tifique du Mexique. IV, 111, 190, 193, 256 || Rapports à la
  — des Fonds. Voy. Fonds || Rapport de la — des Prix. Voy.
  Rapports annuels || Commission de l'enseignement. Certificat
  de connaissances élémentaires en Ethnographie. X, 34 ||
  Commission des Récompenses et Encouragements. Voy.
  Rapports annuels.
Communauté. — Le Boudha, sa vie, sa —. XVIII, 29.
Communication inter-océanique dans l'Amérique Centrale. I,
  16 || Voies de — de l'Amérique. I, 97, 131 || Avantage
  ethnographique d'une — facile entre l'Algérie et le Soudan
  français. XV, 128.
Communisme (Le) et les institutions sociales des Incas XIX,
  250.
Comptes. || Voy. Commissions.
Concours. — Prix mis au —. 1869-70. VI, 51 : 1866-67. VI, I.
Condition de la femme en Chine. VIII, 185 || — de la femme
  mariée chez les Juifs, au premier siècle avant Jésus-Christ,
  VIII, 390 || Conditions pour devenir ethnographe, XII, 204.
Confédérations. — Des systèmes confédératifs. XVIII, 19.
Confucéisme. — La pitié filiale au point de vue du —, XIV, 57.
Congo. — Les Arabes au —. XVIII, 144.
Congrès Archéologique. — L'âge de la pierre et le — de Copen-
  hague. VI, 150.
Congrès des Sciences Ethnographiques. 1889. XIII, 197, 304 :
  1900. XIX, 206.
Congrès international d'Anthropologie et d'Archéologie préhis-
  toriques. Paris, 1867, VI, 352.
Congrès international des Américanistes : Nancy, 1875. VIII,
  10 ; — Luxembourg, 1877. VIII, 104, 163, 272 ; — Paris, 1890.
  XVI, 110.
Congrès international des Orientalistes. Paris, 1873. VII, 149,
  188, 205 ; Saint-Étienne, 1875. VIII, 123 || Comité de per-
  manence du — XVIII, 50, 52.
Conscience (La) et la Physiologie. X, 45.
Conscientielle. — La méthode — en Ethnographie. IX, 75 ;
  XII, 106.

Consommation (La) du maïs chez les anciens Américains. VIII, 212 || La — de la viande. X, 77.

Contes des paysans et des pâtres Slaves. V, 45.

Convocation au Congrès des Orientalistes. Paris, 1873. VII, 149.

Copenhague. — L'âge de pierre et le Congrès archéologique de —. VI, 150.

CORA (Idiome). IV, 250.

Corée. — Les peuples de la — connus des anciens Chinois. VII, 99 : IX, S. P. 20 || La — actuelle. XVII, 34 || Les sept merveilles de la —, XVIII, 112. || Voy. Coreen.

CORÉEN. — La religion coréenne. XVII, 35 || Le —. XVIII, 48 || Bibliographie coréenne. XVIII. 77 || Les funérailles et le culte des Ancêtres chez les Coréens. XIX, 257.

CORONDOS (Les), X, 208.

Corps. — De l'odeur du — et de l'odorat comme caractere de race. IX, 109.

Cortambert (Eugène). —Cartes manuscrites de la Dobroudja. I, 12 || Travaux et mort du colonel Codazzi. I, 16 || Communication inter-océanique dans l'Amérique Centrale. I. 16 || Rapport sur les progrès de l'Ethnographie Américaine. 1, 117 || Rapport sur la carte ethnographique de la Russie. III, 117.

Cortambert (Richard). — Don à la Société d'Ethnographie. III, 110, 116 || Uxmal, IV, 245 || Peuplade chauve en Australie. V, 48.

Costume. Voy. Vêtements.

Cour (La) de Pékin.

Courses (Les) de taureaux. XIII, 158 || Les — de chevaux et le pari mutuel. XV, 57.

Coutumes de Provence. XI, 27.

Couvent du Dragon-vert (Le). XVII, 30.

Crânes.— Description d'un crâne Néo-Calédonien. III, 240 || — mexicains. VI, 350 || Les — dorés de l'Amérique. VIII, 162 || Avantages de la morphologie crânienne. XIV, 20, 50 || Voy. Crâniologie.

Crâniologie (La) de la femme. XVIII, 242. || Voy. Crânes.

Création (La) d'après le récit mosaïque, XVII, 273.

Criterium expérimental de Claude-Bernard. IX, 63.

Critique philosophique. — Nouveaux essais de —. XIV, 279.

Croix. — Description du bas-relief de la —, dessiné aux ruines de Palenqué en 1832. IV, 69 || Le symbole de la —. XVIII, 262.

Croix-Rouge. — La société de la — au Japon. XIX, 49.

Croizier (Marquis de). — Le Siam et le voyage du Dr Bastian. VII, 311.

Cros (Ch.). — Notice sur —. XII, 270.

Croyances (Des) d'outre-tombe chez les Hébreux. IX, 100 || Le culte et les — populaires des Annamites. XIX, 76.

Cuang-tsi. — Die Sprache des —. XIII, 83.

Culte (Le) du Soleil au Pérou. X, 194 || Le — des Dieux des montagnes. XIV, 72 || Le — de la Vache dans l'Inde. XVIII, 15 || Le — et les croyances populaires des Annamites. XIX, 76 || Les funérailles et le — des Ancêtres chez les Coréens. XIX, 257.

Cunéiforme. — Incertitude des déchiffrements des inscriptions cunéiformes, I, 21 || Réclamatious de M. J. Oppert. I, 28 || Nouvel ouvrage de M. Ménant. I, 148 || La race qui a inventé l'écriture —. VI, 237 || Sur le peuple qui a inventé l'écriture —. VII, 172 || Inscriptions cunéiformes. VII, 216 : VIII, 309 || Sur l'origine et le caractère des inscriptions cunéiformes anariennes. VII, 233 || Origine de l'alphabet Perse. VIII, 310

Cuzco. — La forteresse de —, au Pérou. IX, 33

Cylindre. — Traduction d'un — babylonien. II, 5.

D

Dahomey. — Les nègres du — VI, 216.

Danemark. — Introduction de l'imprimerie an —. XVII, 21 || Luttes entre les langues danoise et allemande. XVII, 31.

Danois. — Les institutions morales et politiques des anciens —. XIV, 197 || Voy. Danemark.

Danses (Les) mimées au Japon. XVIII, 263.

Danubiennes. Les populations —. VI, 279.

Dareste (R.). — L'histoire du droit. XII, 231.

Darien (Isthme de)) — Découvertes faites dans —. IV, 131.

Darwin (Ch.). — Origine des espèces. V, 340.

Dautremer. — L'île de Kiou-siou. XI, 88.

Déchiffrement. Incertitude des déchiffrements des inscrip-

tions cunéiformes. I, 21 || — des textes katouniques. VIII, 236 || Rapport sur le — de l'écriture hieratique de l'Amerique centrale. IX, 48 || — des textes hiératiques Mayas. XII, 289.

Définition de l'Ethnographie. I, 151 : II, 6 . XI, 168, 282 : XII, 89.

Déformation des pieds chez la Chinoise. XII, 200.

Delaporte (Lnt). — Un temple Khmer voue au Nirvâna. VIII, 400.

Delaunay (Dr G.). — De l'inferiorite des civilisations precoces. IX, 86 || Sur la consommation de la viande pour la nourriture de l'homme. X, 77.

Delaurier (Em.). — Étude pour le perfectionnement de la langue française. XVIII, 7 || De la colonisation au point de vue ethnographique. XIX, 65.

Delboy (P. A). — Classification ethnographique des races humaines. V, 166, 179 || L'homme et la nature. V, 199 || Place de la linguistique dans les etudes ethnographiques. V, 236 || Rapport sur l'Origine des Espèces, de Darwin. Traduction de Mlle Clémence Royer. V, 340 || Aptitudes des nations considérées comme base de la classification en Ethnographie. VI, 89.

Delondre (G.). — Le Fou-sang et l'Amerique. VI, 176 || Applications de l'economie politique a l'Ethnographie. VII, 7.

Déluge (Le), d'après les traditions indiennes de l'Amerique du Nord IV, 88, 310 || Legende du — chez les Lapons XVIII, 226.

Denis (Ferdinand). — Études sur les ouvrages de linguistique brésilienne. VIII, 144 || Quelques notes sur la deuxième édition de l'*Historia Geral* do Brazil, du vicomte de Porto-Seguro. VIII, 242 || Notice historique sur —. XIX, 204.

Dépopulation (La) de la France. XVI, 41 || Influence de l'alcool sur la —. XVIII, 227.

Deramey (L'abbé). — Le caractère du Christianisme de l'Ethiopie abyssinienne. XIX, 155.

Descriptive. — Éléments d'ethnographie —. VI, 204.

Desdouits (Th.). — Le progrès moral et ses conditions XVI, 146.

Deslonchamps (Dr R. Gosset). — Notice sur — . XI, 274.

Dêvas (Les) chez les Bouddhistes. XIV, 53.

Devenir. — Discours sur le —. XVII, 321.

Diable. — Les adorateurs du —. XVII, 88.

Dialectes : Namaqua. VI, 233 ; Kora. VI, 234 ; etc.|| Voy. Langue.

Dictons Cambodgiens. XVIII, 253.

Diego de Landa. || Voy. Landa.

Dieux (Les) des montagnes. XIV, 72 || Le sexe des — de l'anti-
quité. XIX, 46 || Voy. Divinités, Polythéisme, Monothéisme.

Dissessco (G.-G.). — Le droit public roumain. XV, 148.

Divinités qui président aux enfants. XVII, 72, 150, 181 ; XVIII,
329, 350 || — qui président aux accouchements. XVIII, 353.

Dix-mille Lacs. Le pays des — XII, 74.

Dobroudja. — Cartes manuscrites de la —. I, 12.

Doctrines. — L'atome et sa fonction dans les — indiennes.
VIII, 13 || Le Boudha, sa vie, sa doctrine, sa communauté.
XVIII, 29.

Dolmens découverts en Russie méridionale. XI, 13.

Domenech (Emm.). — L'Amérique avant sa découverte. IV, 98.

Dom Pedro II, empereur du Brésil. — Nécrologie. XV, 226.

Dons à la Société. — MM. le baron de Bourgoing, le prince Vlan-
gali, Léon de Rosny, de Charencey, I, 81 || — au Musée de la
Société. I, 145, 158 || M. Jomard. III, 60 || MM. Challamel,
Léon de Rosny, Cortambert, Duhousset. III, 110 || M. Schmidt.
III, 115 || MM. Garcin de Tassy, Cortambert. III, 116 || MM.
Duhousset, Bonté, Schoebel, Soliman-al-Harairi. III, 136,
137 || MM. Castaing, de Tassy. III, 241 || Divers. IV, 67 ; V, 50,
157, 188 ; VIII, 219, 233, 262, 275 ; IX, 55 ; X, 100, 139, 169,
S. P. 19 ; XI, 28, 84 ; XII, 60, 63 ; XIV, 30.

Doudart de Lagrée. — Le monument de —. XV, 217.

Dragon-Vert. Le Couvent du —. XVII, 30.

Dramatique. — Littérature — de l'Inde. I, 152.

Drapeau. — L'idée de — XIX, 266.

Dravidienne. — Ethnographie — V, 29.

Droit (Le) dans l'Ethnographie. VI, 21, 113, 187 || Résolutions
relatives au — ethnographique ; scrutin nominal. VI, 191 ||
Une question de — ethnographique. X, 80 || Le — musulman
chez les Arabes. X, 85 || Des colonies et du — colonial. XI,
87, 115 || L'histoire du —. XII, 231 || Le — public roumain.
XV, 148 || La déclaration des Droits de l'homme dans l'Asie
Orientale. XIX, 271.

Dualisme (Le) dans l'ecriture chinoise. XIX. 26.

Dubard — Le droit musulman chez les Arabes. X 85

Dubor (G. de). — Les Soutaievtsy. XVIII, 260 || L'Ethnographie et l'avenir de l'humanite, XIX, 209.

Duchateau (Julien). — Sur la langue et le peuple celtes. VII, 10 || Sur l'origine de l'écriture Japonaise et Sumerienne. VII, 176.

Duchinski (de Kiew). — Place de la linguistique dans les études ethnographiques. V, 240 || Discours d'ouverture de la séance du 6 août 1868. VI, 40 || Le droit ethnographique. VI, 114 et suiv. || La Hongrie et les peuples nomades. VI, 240.

Duclaud (Ang.). — Discours d'installation a la présidence. XIV, 34 || Discours prononce à l'ouverture de la séance générale du 16 Juin 1890. XIV, 297 || Nécrologie. XIV, 169.

Dufriche-Desgenettes. — L'alphabet unitaire linguistique, II, 47

Duhousset (le colonel). — Dons à la Société III, 110, 136, 137 || Instruments employés pour les mensurations anthropométriques. VI, 151 || Ethnographie de la race Hottentote. VI, 157 || Sur le prolongement des nymphes et la circoncision. VI, 161 || Sur la reproduction photographique-des types de races. VI, 169, 178 || La face momifiée du Cardinal de Richelieu. VII, 94 || L'homme-chien. VI, 258.

Dulaurier (Édouard). — Discours prononcé à la séance de rentrée de l'Athénée Oriental. VI, 77 || Les Sémites et le monothéisme. VI, 127 et suiv || Ethnographie de l'Arménie VI, 132 || Discours sur les caractères de la science ethnographique. VII, 127 || Notice biographique, portrait. X, 101.

Dumas (Victor) Les Pampas. VIII, 58 || Rapport annuel. 1892. XVI, 231.

E

Éclectique. — Cours — de la langue chinoise parlée. XIII, 279.

Écoles. — L'enseignement dans les — au Japon. XIX, 46.

Économie. — Applications de l' — politique à l'Ethnographie. VII. 7.

Écriture (L') cunéiforme. I, 21 ; VI, 237 ; VII, 172. 233 ; VIII,

309, 310 ‖ — hiératique de l'Amérique centrale. IV, 241 ‖ Origine de l' — japonaise et sumérienne. VII, 176 ‖ De l'universalité de l' — dans l'Amérique ancienne. VIII, 235 ‖ L' — hiératique. IX, 48, 51 ‖ — des anciens peuples du Mexique. XI, 272 ‖ La langue et l' — universelles, XII, 177 ‖ La littérature écrite de l'antiquité américaine et le déchiffrement des textes hiératiques Mayas. XII, 289 ‖ L' — primitive de la Chine. XVIII, 225 ‖ L' — en ficelles. XVIII, 339. Voy. Qquipos ‖ De l' — chez les peuples orientaux. XVIII, 396 ‖ Le dualisme dans l' — chinoise. XIX, 26 ‖ La langue et l' — en Cochinchine. XIX, 229.

Éden. — L'Allégorie de l' —. XVIII, 35.

Edkins (le Rév. John). — Étude sur la race mandchoue et sur sa langue. XIX, 248.

Éducation. — La paix par l' —. XV, 227 ‖ L' — dans l'histoire. XVI, 109 ‖ L' — chez les Cambodjiens. XVIII, 169, 181, 205, 233, 253 ‖ La colonisation par la réforme de l' —. XIX, 55 ‖ De l' — dans l'ancienne Égypte. XIX, 189.

Égalité. — L'idée d' — chez les Sociétés et chez les individus. XIII, 16.

Église (L') anglicane. XVI, 13, 51.

Égypte (L') ancienne et la Franc-maçonnerie. XII, 76 ‖ La prostitution dans l' — antique. XV, 288 ‖ De l'éducation dans l'ancienne —. XIX, 189. ‖ Voy. Égyptienne.

Égyptienne. — Collection — de Chalib-Bey. V, 226 ‖ Études égyptiennes. VII, 215 ‖ Voy. Égypte.

Eichhoff (F.-G.). — Ethnographie de l'Allemagne. V, 281 ‖ Les Sémites et le monothéisme. VI, 129 et suiv. ‖ La race qui a inventé l'écriture cunéiforme. VI, 237 ‖ La Hongrie et les peuples nomades. VI, 240 et suiv. ‖ Notice biographique. XVI, 135.

Eichthal (G. d'). — Rapports entre l'Asie et l'Amérique ancienne. IV, 126 ‖ Etudes sur les origines boudhiques de la civilisation américaine. V, 269.

ELAMITES. — Note sur les —. VI, 237 : VII, 114.

Eléphant (L') était-il connu des anciens Américains ? IV, 57 ‖ Les éléphants blancs du Siam. XVIII, 15.

Eléphantiasis. Voy. Lèpre.

Éloffe (G.). — Stanley et ses explorations en Afrique. XIII,

85 ǁ Les principes de l'Ethnographie et les théories de M. Léon de Rosny. XIII, 238 ǁ Ethnographie de l'Algérie. XIV, 64 ǁ L'accroissement des capitales. XV, 214 ǁ Les Indigènes des îles Samoa. XVII, 80 ǁ Discours sur l'Ethnographie et l'Américanisme. XVII, 260 ǁ La Gynécocratie XVIII, 131 ǁ Ethnogénie de l'Oceanie. XVIII, 148ǁ Hydrographie prehistorique de l'Asie. XVIII, 380.

Éloge funèbre du Baron de Bourgoing. V, 129

Emblèmes (Les) ethniques. XIX, 266.

Émigrants (Les) aux États-Unis. XI 278 ǁ Voy. Émigrations.

Émigration chinoise en Russie. V, 276 ǁ Voy. Émigrants.

Emin-Bey. XI, 138.

Encouragements ǁ Voy Prix, Récompenses.

Encyclopédies chinoises sur la geographie de l'Extrême-Orient. IX, 3. P. 9, 103.

Enfants — Une clef du symbolisme payen demontrée par les Divinités qui président aux —. XVII, 72, 150, 181 : XVIII, 329, 350.

Enseignement. — Commission de l' —. X. 34 ǁ L' — médical en Chine. XI, 46 ǁ — de l'hygiène en Europe XI, 83 ǁ L' — dans les écoles au Japon. XIX, 46.

Erreur. — De l'utilité que l'on peut retirer de l' —. XII, 182 ǁ Erreurs judiciaires. XIV, 170.

ESKIMAUX (Les). I, 120 ǁ Voy. Esquimaux.

Esolérique. ǁ Voy. Bouddhisme.

Espagne. — Origine des Basques d' —. VII, 67 ǁ Introduction de l'imprimerie en —. XVII, 17.

Espèce. — De l'unité de l' — humaine. III, 119ǁ Origine des espèces. V, 340 ǁ L'unité de l' — et l'idee de patrie chez les Chinois. XIX, 75.

Esprit nouveau. XVII, 252.

ESQUIMAUX. — Voyage au pays des pays des —. IX, 30 ǁ Voy. Eskimaux.

États-Unis. — Lettres sur les — d'Amérique. IV. 61 ǁ Statistique des emigrants aux —. XI, 278 ǁ Introduction de l'imprimerie aux —. XVII, 190.

Éthiopie. — Le caractere du Christianisme de l' — abyssinienne. XIX, 155 ǁ Voy. Éthiopienne, Abyssinie.

ÉTHIOPIENNE. — La race —. VI, 215, 218. ǁ Voy. Éthiopie.

Ethniques. — Des inégalités —. XVIII, 417 || Les emblèmes —. XIX, 266 || Voy. Peuples, Population.

Ethnodicée. XV, 148.

Ethnogénie des Bulgares. XII, 64 || Notions ethnogéniques sur les Indiens de l'Amérique. XII, 102 || — de l'Océanie. XVIII, 148 || — de l'Asie orientale. XVIII, 291.

Ethnographe. — Conditions pour devenir —. XII, 204.

Ethnographie. — L'Académie française n'a donné à ce mot ses lettres de grande naturalisation qu'en 1835. 1, 42 || La chevelure au point de vue ethnographique. I, 25 || Définition de l' —. I, 151 ; II, 6 ; V, 113 ; XI, 282 ; XII, 89 || Progrès de l' — américaine en 1858 et 1859. I, 117 || Géographie ethnographique de la race finnoise. II, 85 || — du Fleuve Amour. II, 189 || Essai sur la classification bibliographique des ouvrages relatifs à l' —. III, 7 || — du Japon. III, 49 || Rapport sur la carte ethnographique de la Russie, III, 117 || — dravidienne. V, 29 || Bibliographie ethnographique. V, 46 || Programme scientifique de l' —. V, 146 ; VIII, 70 || Classification — des races humaines V, 159, 174 || De la place de la Linguistique dans les études ethnographiques. V, 230 || De l' — de l'Allemagne. V, 278 || Exposition ethnographique de Moscou. V, 347 || Le droit dans l' —. VI, 21, 113, 116, 120, 187. || Des aptitudes des nations considérées comme base de la classification ethnographique. VI, 85 || — de la Malaisie VI, 105 || Etude d' — océanienne. VI, 105 || Rôle présent et futur de l' —. VI, 128 || — de l'Arménie. VI, 132 || Collection ethnographique photographiée et publiée par la Société. VI, 154 || — de la race Hottentote. VI, 155 || — des Buschman. VI, 157 || — des pays cafres. VI, 157, 264 || La Linguistique comparée et les études ethnographiques. Discours de M. Jules Oppert. VI, 199 || Éléments d' — descriptive. VI, 204 || Applications de l'économie politique à l' —. VII, 7 || — de l'Asie Orientale, d'après les Chinois. VII, 37 || De la méthode ethnographique pour servir d'introduction à l'étude de la race Jaune. VII, 41 || — de la Russie. VII, 62 || Sur l' — des peuples Berbères. VII, 163 || — des Ibères. VII, 236 || Missions ethnographiques de France. VIII, 95 || Théorie de l'Orientation en —. VIII, 108 || Progrès de l' — Mexicaine. VIII, 113 || L'âme humaine au point de vue

de la Science ethnographique. IX, 9 || De la Méthode Cons-
cientielle et de son application en —. IX, 75 ; XII, 106 || —
de l'Arabie. IX, 105 || — des Chinois. IX, S. P. 9 || — de
l'Indo-Chine, d'après Berghaus. IX, S. P. 88 || Une question
de droit ethnographique. X, 80 || — de l'Amérique du Sud
X. 191 || — de la lepre. XI, 5 || — medicale des peuples de
race Jaune. XI, 39, 69, 99, 127, 155 || — des Chinois et des
Annamites. XI, 44 || Classification ethnographique des Bul-
gares XI, 116 || Théorie de l' —. XI. 168 || Rapport à la
Société d' — au sujet de l'État de la France en 1789. XI,
197 || — des Néo-Calédoniens XI, 231 || — des Bulgares.
XII, 37, 47, 91, 115 || Notions d' — sur les Indiens de l'Amé-
rique. XII, 102 || Des conditions pour devenir ethnographe.
XII, 205 || Coup d'œil sur l' — de la France. XIII, 62, 99 ||
Psychologie ethnographique XIII, 113 || Congrès des sciences
ethnographiques. XIII, 197, 304 || Les principes de l' — et
les théories de M. Léon de Rosny. XIII, 238 || Une nouvelle
évolution des études ethnographiques. XIII, 281 || — de
l'Algérie. XIV, 64 || — de l'Amerique centrale. XIV, 108 :
XVIII, 408 || — Sémitique. XIV, 113, 150, 183 || Articles sur
l' — XIV, 140 || — des Birmans. XIV, 167 || — du Tonkin.
XIV, 257 || — de la Sibérie XIV, 283 || Avantage ethnogra-
phique d'une communication facile et sûre entre l'Algérie
et le Soudan français. XV, 128 || — afghane. XV, 230 : XVII,
64 || Discours de M. Léon de Rosny sur l' —. XVI, 227 ||
Étude ethnographique sur la peine de mort. XVII, 197, 278,
288, 306 : XVIII, 4 || Discours de M. G. Éluffe sur l' —. XVII,
260 || — Chypriote. XVIII, 145 || — d'Haiti. XVIII, 154 ||
Etude ethnographique des routes, XVIII, 204 || — de l'Abys-
sinie. XVIII, 261, 321 || L'industrie du palmier au point de
vue de l' —. XVIII, 262 || Limites ethnographiques des Japo-
nais. XVIII, 274 || — des Tangoutes. XVIII. 338 || — de la
Chine méridionale. XVIII, 338 || — Landaise. XVIII, 338,
344 || — des Pnongs. XVIII, 342 || De la théorie des Zoo-
cosmes au point de vue de l' —. XIX, 45 || Des degrés de la
Civilisation et de la classification en —. XIX, 51 || De la
colonisation au point de vue ethnographique. XIX, 65 ||
L'ambiantisme en —. XIX, 173 || — de la Micronésie. XIX,
196 || L' — et l'avenir de l'humanité. XIX, 209 || — Mexi-

caine. XIX, 238 || — californienne. XIX, 252 || — du Pérou pré-colombien. XIX, 266.

« Être ». — Étude sur le verbe —. II, 106.

Êtres. — Le nombre des — humains. VII, 92.

Étrurie. — Un livre étrusque. XVII, 112.

Étrusque. Voy. Étrurie.

Études sémitiques. I, 60 : VII, 217 || — asiatiques. V, 222 || De la place de la linguistique dans les — ethnographiques. V, 230 || La linguistique comparée et les — ethnographiques. Discours de M. Jules Oppert. VI, 267 || — japonaises. VII, 205 || — chinoises. VII, 211 || — indo-chinoises. VII, 212 || — océaniennes. VII, 213 || — égyptiennes. VII, 215 || — assyriologiques. VII, 216 || — indiennes. VII, 222 || — iraniennes. VII, 222 || — arméniennes. VII, 225 || — néo-helléniques. VII, 225 || Les — sanskrites en 1888. XIII, 29 || Une nouvelle évolution des — ethnographiques. XIII, 284 || — bouddhiques. XIV, 302 || Étude ethnographique des routes. XVIII, 204.

Europe. — Relations des anciens Américains avec les peuples de l' —. IV, 162, 300 || Enseignement de l'hygiène en —. XI, 83 || Parallèle de l'idée de Civilisation en — et en Amérique. XII, 258.

Évolution du monothéisme. VI, 129 || L' — du mariage et de la famille. XII, 108 || Une nouvelle — des études ethnographiques. XIII, 281 || — du Langage. XIII, 300 || L' — philosophique au Japon. XVIII, 285.

Exactivistes. — Positivistes et — X, 213.

Examens littéraires en Chine. VI, 219.

Exégèse. — Simples notes sur un grave sujet d' — XVIII, 55.

Existence. — Idées des différents peuples sur l' — d'outre-tombe. IX, 68.

Expériences. — Nouvelles — sur le choléra. XIII, 57.

Expérimental. — Principe du criterium — de Claude-Bernard et la théorie de M. Léon de Rosny. IX, 63.

Explorateurs (Les) de l'Abyssinie. XI, 275.

Exploration de l'Amérique. I, 73 || Explorations de Stanley en Afrique. XIII, 85.

Exposition Ethnographique de Moscou. V, 347 || — universelle de 1889. XII, 77, 88.

Expressions communes de Chine. XIII, 139.

Extrême-Orient. — Exposition des voyages scientifiques dans l' —. XVII, 107. || La jeune fille de l —. XVIII, 18.

F

Face (La) momifiée du Cardinal de Richelieu. VII, 94.

Faidherbe (le Général). — La Linguistique et les singularités de l'ortographe française. XIII, 172 || Necrologie. XIII, 276.

Famille. — L'évolution de la —. XII, 108 || Les institutions politiques et sociales de la Chine fondees sur la — et la — sur la Piéte filiale. XIII, 37 || La — en Australie. XIV, 143 || La — intellectuelle. XIX, 24 || La filiation et l'idée de —. XIX. 25.

Faune américaine. VIII, 161.

Favart (Charles). — Le Sintauisme contemporain. XIX, 228 || Les funerailles et le culte des Ancêtres chez les Coréens. XIX, 257.

Fécondité des métis. V, 48.

Félix (Dr Jules). — Essai de physiologie sociale. XIX, 214.

Fellatas (Les). VI, 217.

Femme. — Mœurs des femmes en Orient. I, 51 || Les organes génitaux des femmes hottentotes. VI, 163 || Condition de la — en Chine. VIII, 185 || Condition de la — mariée chez les Juifs, au premier siècle avant Jesus-Christ. VIII, 390 || La —, le mariage, la famille en Australie. XIV, 143 || La vie des femmes au Bengale. XVI, 79 || Les ordres monastiques de — dans le Bouddhisme. XVI, 113, 141 || L'infériorité de la —. XVIII, 25, 137, 155 || Devoirs des femmes au Cambodje. XVIII, 205 || Les aptitudes de la — et sa crâniologie. XVIII, 242.

Féraud. — Notice sur — XIII, 10.

Ferri-Pisani. — Lettres sur les États-Unis d'Amérique. IV, 61.

Fétichisme. — XVIII, 21.

Ficelles. — L'Écriture en —. XVIII, 339 || Voy. Qquipos.

Fièvres (Les) paludéennes. XI, 249 || La fièvre jaune. XVIII, 63 || Voy. Maladies.

Filiation (La) et l'idee de famille. XIX, 25.

Finlande. — La civilisation en — XI, 253, || Introduction de l'imprimerie en — XVII, 42 || Voy. Finnoise.

Finnoise. — Geographie ethnographique de la race —, II, 85

Une légende —. XVIII, 226 || La frontière finno-suédoise. XVIII, 324.

Fleuve (Le) Amour. II, 189.

Flourens (Gustave). — Nécrologie. VII, 27.

Foley (Dr). — L'anthropologie en Océanie. VIII, 353 || De l'infériorité des civilisations précoces. IX, 87 || De l'odeur du corps et de l'odorat comme caractère de race. IX, 87, 109 || La conscience et la physiologie. X, 45.

Fonctions (Les) intellectuelles. XI, 281 ; XII, 7, 129, 153, 198.

Fondateur. — Le Taoïsme et son —. XVI, 5 || Voy. Lao-tse.

Fonds. — Commission des —. Rapports de 1865-66. VI, 13 ; 1867. — VI, 55 ; 1873. VII, 272 ; 1877. VIII, 379 ; 1888. XIII, 110 ; 1889. XIV, 13 ; 1890. XV, 107 ; 1891. XVI, 24 ; 1892. XVI, 239 ; 1893. XVII, 129 ; 1894. XVII, 341 || Société Américaine. 1877. VIII, 277 || Société des Études Japonaises. 1877. VIII, 295 || — de réserve. VII, 110.

Forteresses (Les) gauloises, XI, 187.

Foucaux (Éd.). La science des Religions comparées. VI, 244 || Les études Sanskrites en 1888. XIII, 29 || Les Dévas chez les Bouddhistes. XIV, 53 || Études bouddhiques. XIV, 302.

Fouilles dans un terrain quaternaire à Levallois. VI, 165 || — aux tumuli de Mixco. VII, 160.

Fou-nan. IX, S. P. 44 || Voy. *Tonkin, Annam, Siam.*

Fou-sang. — Le pays appelé —. V, 273 : VIII, 239, 274 : IX, S. P. 17 : XIX, 26 || Le — et les rapports des Chinois et des Américains dans l'antiquité. Le *Li-sao.* VI, 171 || L'Amérique, les anciens Chinois et le pays appelé —. VIII, 238 || La néphrite et le —. VIII, 274.

Fou-sau. — Prononciation japonaise des mots chinois Fousang. C. f.

Français. — Aptitudes colonisatrices des —. XI, 292 || Avantage ethnographique d'une communication facile entre l'Algérie et le Soudan —. XV, 128 || Voy. Langue, Française, France.

Française. — Caractère de la langue — au IXᵉ siècle. VI, 315 || La Linguistique et les singularités de l'orthographe —. XIII, 172 || Étude pour le perfectionnement de la langue — XVIII, 7.

France. — Origine des Basques de —. VII, 67 || Missions ethnographiques de —. VIII, 95 || La population de la —. XI, 51 ; XIV, 200 ; XVI, 41 ; XVIII, 100 || État de la — en 1789. XI, 197 || Coup d'œil sur l'Ethnographie de la —. XIII, 62, 99 || Histoire des institutions poliques de l'ancienne —. XIV, 78 || La depopulation de la —. XVI, 41 ; XVIII, 100 || Introduction de l'imprimerie en —. XVI, 66, 96.

Franck (Ad.). — De la condition politique et religieuse de la Judée dans les derniers temps de sa nationalite. XIX, 113, 150, 183 || Nouveaux essais de critique philosophique. XIV, 279 || Le Taoisme et son fondateur. XVI, 5 || Notice sur —. XVII, 69.

Franc-maçonnerie — L'Égypte ancienne et la —. XII, 76.

Fraser (John). — Les aborigenes d'Australie, leur anthropologie. XI, 30.

Fraternité. — Les ennemis de la —. XVI, 193.

Frontière (La) finno-suédoise, XVIII, 324.

Fuégiens (Les). X, 197.

Funérailles. — Cérémonies des — en Orient. I, 53 || Les — dans les Landes de Gascogne. XVIII, 340 || Les — et le culte des Ancêtres chez les Coréens. XIX, 257.

Fustel de Coulanges. — Histoire des Institutions politiques de l'ancienne France. XIV, 78.

G

Gabelentz (G. von der). — Beitrage zur chinesischen Grammatik. — Die sprache des Cuang-tsi. XIII, 83.

Galibis (Les). X, 208.

Gallas (Les). VI, 217.

Gallois (Edme). — Le pays du Fou-sang. XIX, 26 || L'Ambiantisme en Ethnographie. XIX, 174.

Gambils (Les) XI, 275.

Garat (D. J.) — Origines des Basques de France et d'Espagne. VII, 67.

Garcin de Tassy, de l'Institut, nommé vice-président en remplacement de M. Lenormant. I, 31 || Notice nécrologique sur H. Wilson. I, 154 || Dons a la Societe. III, 116, 241 || Discours sur l'intérêt ethnographique de la poésie. V, 56.

Garçons. — Devoir des jeunes — au Cambodge. XVIII, 235.

Garrigues (A.). — Une légende Finnoise. XVIII, 226.

Gascogne. — Les cérémonies du mariage dans l'ancienne —. XVIII, 322 || Les funérailles dans les Landes de —. XVIII, 340.

Gauchos (Les). X, 199.

Gaulois (Les). X, 141 || Les forteresses Gauloises. XI, 187.

Gauttard (A.). — Les symboles mythologiques. XVII, 232 || Le Tsaï-li-hoeï. XVIII, 66 || La nacre au Japon. XVIII, 81 || L'écriture primitive de la Chine. XVIII, 225 || La modification des types de race en Asie. XVIII, 257 || L'art au Japon contemporain. XIX, 42 || Les Monts de piété en Chine. XIX, 50 || L'unité de l'espèce humaine et l'idée de patrie chez les Chinois. XIX, 76.

Gava. — Le temple de —. XVII, 36.

Génie (Le) des races Tartares. XV, 199.

Génitaux. — Organes sexuels et l'appareil séminal chez l'homme. III, 96 || Organes — des femmes Hottentotes, VI, 163 || Voy. Reproducteur (Système), Sexes.

Géologie. — Transformation géologique des côtes de l'Amérique. IV, 191.

Gerstenberg (Ch. de). — Les Jézides, adorateurs du Diable. XVII, 88.

Geslin (J.-C.). — Notice historique sur —. XIII, 245.

Ghéez. || Voy. *Ethiopiëns.*

Giraud (P.). — Les Mound-Builders. XVIII, 386 || Ethnographie de l'Amérique centrale. XVIII, 408.

Gisli. || Voy Brynjulfsson.

Go. — Le jeu de —. XVIII, 81.

Goajiros (Les). X, 191.

Grammaire Sanscrite de M. Jules Oppert. I, 72 || Rapport sur la nouvelle édition de la — Chinoise d'Abel Rémusat. I, 81 || Contributions towards a Grammar and Dictionary of Quichua. IV, 63 || Sur les langues à — mixte. VIII, 67 || Beiträge zur chinesischen Grammatik. XIII, 83 || Grammar of the Bengali language. XVIII, 46.

Grandière (de la). — Les yeux artificiels. VI, 166.

Gravure. — Exposition de la — Japonaise. XIV, 83.

Grec. — La prononciation du —. XVIII, 162.

Grèce. — Alimentation primitive de la — et de l'Italie. II,

142 || Études Néo-Helléniques. VII, 225 || Introduction de l'imprimerie en —. XVII, 44.

Groenland. — Introduction de l'imprimerie au —. XVII, 43.

Guaranis (Les) X. 201.

Guatémala. — Lettre datée de —. I, 73.

Gabb (A. S.). — L'obstétrique chez les peuples primitifs. XI, 164.

Guell y Bacigalupi (D' E.). — L'immunité par les Leucomaïnes. XIV, 28.

Guérin-Méneville. — Notice biographique sur —. VIII, 93.

Guibert (Amedee). — Les danses mimées au Japon. XVIII, 263.

Guieysse (Paul). — Des idées professées par les différents peuples au sujet de l'existence d'outre-tombe. IX, 68 || L'Égypte ancienne et la Franc-maçonnerie. XII, 76 || De l'éducation dans l'ancienne Égypte XIX, 189.

Guilaine (L.). — Parallele de l'idee de civilisation en Europe et en Amérique. XII, 258.

Gymnastique (De la) en Chine. XI, 159.

Gynécocratie. XVIII, 131.

H

Habit. || Voy. Vêtements

Habitat des races humaines. VI, 211 || Limites de l' — humain dans la direction du Pôle Nord. X, 25 || Voy. Habitations.

Habitations des Néo-Calédoniens. XI, 234 || Voy. Habitat.

Haeckel. — Origines des Américains suivant —. VIII, 238.

Haiti. — Ethnographie d' —. XVIII, 154.

Halévy (Joseph). — Ethnographie des peuples Berbères. VII, 163 || Sur les Migrations ethniques ou militaires. VII, 167 || Sur l'origine et le caractère des inscriptions cunéiformes anariennes. VII, 223 || Les populations dites Touraniennes VIII, 20 || Sur les langues a Grammaire mixte. VIII. 67 || Ethnographie de l'Arabie. IX, 105.

Han. — L'Indo-Chine a l'époque des —. IX, S. P. 96.

Handjéri (Le prince Alexandre). Manuscrit inédit. I, 13

Hansen-Blangsted. — Institutions morales et politiques

des anciens Danois. XIV, 197 || Étude ethnographique des routes. XVIII, 204.

Harairi. || Voy. **Soliman-al-Harairi.**

Hassan-Ali-Khan. — Discours de réception. I, 20.

HÉBREUX. — Des croyances d'outre-tombe chez les —, IX, 100.

HELLÈNES. || Voy. Grèce.

Héliographie. — Collection anthropologique héliographiée de la Société d'Ethnographie. XIII, 269.

Hément (F.). — Nécrologie. XV, 206.

Herculanum. — Un tableau d' — XVI. 138.

Héritage. — Le mot « HÉRITAGE » chez les Slaves. VII, 93.

Hervey Saint-Denys (Le marquis d'). — Recherches sur l'agriculture et l'horticulture des Chinois. I, 22 || Rapport sur la nouvelle édition de la Grammaire chinoise d'Abel Rémusat. I, 81 || Discours d'ouverture de la séance générale du 7 mai 1866. V, 350 || Discours d'ouverture de la séance du 4 septembre 1867. VI, 8 || Collection ethnographique photographiée et publiée par la Société. VI, 154 || Le Fousang et les rapports des Chinois et des Américains dans l'antiquité. Le Li-sao. VI, 171 || Ethnographie de l'Asie Centrale, d'après les Chinois. VII, 37 || L'Amérique, les anciens Chinois et le pays appelé Fou-sang. VIII, 238.

Hiao (Le) XIII, 41.

Hiératique. — L'écriture — de l'Amérique Centrale. IV, 241 : IX, 48, 51 || Le déchiffrement des textes hiératiques Mayas. XII, 289.

Hiéroglyphes. — Collection de peintures hiéroglyphiques mexicaines. IV, 387.

HINDOUS (Les) en Birmanie. XIX, 242.

Hindoustan. — Introduction de l'imprimerie dans l' —. XVII, 192.

Histoire. — du bassin de la Plata. IV, 261 || L'homme avant l' —. V, 373 || — du Brésil. VIII, 242 || Miettes de l' — de Provence. XI, 27 || Les origines de l' — Roumaine. XII, 75 || — du droit. XII, 231 || L'éducation dans l' —. XVI, 109.

Hofsted || Voy. Homestead.

Holmboe. — Mots norvégiens comparés au sanskrit. II, 116.

Holontalo. || Voy. Limo lo Pahalaa.

Homestead (Le). XIX, 131, 180.

Homme. — La terre et l'—, I, 40 || L'— et la nature. V, 199 || L'— avant l'histoire. V, 373 || La déclaration des Droits de l'— dans l'Asie Orientale. XIX, 271 || Voy. Humaine, Humanité.

Homme-chien (L'). VII, 259

Hongrie (La) et les peuples nomades. VI, 239 || Agriculture de la —. VI, 240.

Horticulture. — Recherches sur l'agriculture et l'— des Chinois. I, 32.

HOTTENTOTE. — Ethnographie de la race —. III, 197 : VI, 155, 217, 231 || Les organes génitaux des femmes hottentotes, VI, 163 || Voy. Hottentots.

HOTTENTOTS (Les). XIX, 144 || Voy. HOTTENTOTE.

HUEMUL (Les). X, 197.

Humaine. — De l'unite de l'espèce —. III, 119 || Rapport sur les races humaines et la civilisation III, 159 || Habitat des races —. VI, 221 || Le nombre des êtres humains. VII, 92 || Longévité comparée des sociétés humaines. XVIII, 233 || De l'unité de l'espece — et l'idee de PATRIE chez les Chinois. XIX, 57 || Voy. Homme, Humanité.

Humanité. — L'Ethnographie et l'avenir de l'—. XIX, 209 || Voy. Homme, Humaine.

Humboldt (Alex. de) américaniste. IV, 197, 279.

HUSKIS (Les) || Voy. Esquimaux.

Hydrographie (L') de l'Asie Centrale XVIII, 347 || L'— préhistorique de l'Asie. XVIII, 380.

Hygiène. — L'— en Chine. XI, 46 || Enseignement de l'— en Europe. XI, 82 || L'— a Madagascar. XI, 184 || L'— publique en Chine et particulierement a Péking XII, 145.

Hystérie. XII, 140.

I

IBERES. — Ethnographie des —. VII, 236.

Idéal. — Discours de M. Léon de Rosny sur l'—. XVIII, 326.

Idiomes Tarahumura, Tepeguana, Cora et Cahita. IV, 250.

Iles (Les) Celèbes. VI, 105 || Ile de Kiou-siou. XI, 88 || — decouvertes dans l'Océan Pacifique. XI, 223 || Les indigènes des — Samoa. XVII, 80.

Imamura Warau. — Notation des noms propres Japonais. VIII, 287.

Imbault-Huart (C.). Cours éclectique de langue Chinoise parlée. XIII, 279.

Immunité par les Leucomaïnes. XI, 297 : XIV, 28.

Imprimerie. — Introduction de l'— chez les différents peuples. XVI, 46, 57, 96 : XVII, 15, 41, 191.

Incas (Les). IV, 261 : X, 194 ‖ Le Communisme et les institutions sociales des —. XIX, 250.

INDE. — Littérature dramatique de l'--. I, 152 ‖ Carte linguistique de l'— cisgangétique. IX, 71 ‖ Des serpents vénimeux de l'— et des Jongleurs. XII, 277 ‖ L'— avant le Bouddhisme. XIV, 225, 239 ‖ L'— avant le Bouddha. XVI, 25 ‖ Le culte de la vache dans l'—. XVIII, 15 ‖ Voy. Indes, Indiens.

Indes. — La prostitution aux —. XV, 228 ‖ Les Chrétiens aux —. XVIII, 325 ‖ Voy. Inde, Indiens.

INDIENS. — Traditions des — de l'Amérique du Nord sur le Déluge. IV, 88, 310‖ Études indiennes. VII, 222 ‖ L'atome et sa fonction dans les doctrines —. VIII, 13 ‖ Les — pampas VIII, 58 : X, 198 ‖ Archipel indien. IX, S. P. 83, 90 ‖ Notions ethnogéniques et ethnographiques sur les — de l'Amérique. XII, 102 ‖ Des zoocosmes dans la philosophie indienne. XVIII, 369 ‖ Voy. Inde, Indes.

Indifférentisme (L') et la solidarité. XIX, 253.

Indigène. — Recherches faites et à faire sur l'origine de la race — mexicaine. IV, 133 ‖ Les indigènes des îles Samoa. XVII, 80.

Individualité. — Discussion des mots « INDIVIDUALITÉ » et « PERSONNALITÉ ». XVIII, 161.

Individus. — L'idée d'égalité chez les sociétés et chez les —. XIII, 16.

Indo-Chine. — Les peuples de l'—, notice traduite du Chinois. VI, 138 ‖ Les alcools, les narcotiques (opium) et le bétel en —. VIII, 151 ‖ L'— connu des anciens Chinois. IX, S. P. 41 ‖ Ethnographie de l'— d'après Berghaus. IX. S. P. 88 ‖ L'— à l'époque des Tchéou, des Tsin, de Han, des Tsin, des Soui et des Tang. IX, S. P. 92 ‖ Voy. Indo-Chinois.

INDO-CHINOIS. Études indo-chinoises. VII, 242 ‖ De l'origine des —. XVIII, 389.

INDO-JAVANAIS. — L'art —. XIX, 268

Industrie du palmier au point de vue ethnographique. XVIII, 261, 321.

Inégalités ethniques. XVIII, 417 || Inégalite native des hommes. XIX, 270.

Infériorité de la femme. XVIII, 25, 137, 155.

Inoculation. — De l'— variolique en Extrême-Orient. XI. 106.

Inscriptions. — Incertitude des déchiffrements des — cunéiformes. I, 21 || — cunéiformes. I, 148 : VIII, 309 || Sur l'origine et le caractère des — cunéiformes anariennes. VII, 233 || — cambodgiennes. VIII, 299.

Institution ethnographique. Son but VIII, 203.

Institutions politiques et sociales de la Chine fondees sur la famille, et la famille sur la piété filiale. XIII. 37 : XVIII. 276 || — politiques de l'ancienne France. XIV, 78, 200 || Les — morales et politiques des anciens Danois. XIV, 197 || Les — sociales de la Chine. XIX, 234 || Le communisme et les — sociales des Incas. XIX, 234.

Instructions genérales sur les observations linguistiques. III, 21.

Instruments d'anthropométrie. VI, 151.

Intellectuelles. — Les fonctions — XI., 281 : XII, 7, 129, 153, 198.

International. — Alphabet — linguistique de M Léon de Rosny. Rapport de M. Jules Oppert VI, 199 || La langue internationale. XVII, 235.

Inter-océanique. — Communication — dans l'Amérique centrale. I, 16.

Intertropicale. Climatologie —. XI, 209, 248, 279, 301.

Iraniennes. — Études —. VII, 222.

IRLANDAISE. — Nationalité —. V, 225.

Irlande. — Introduction de l'imprimerie en — XVII, 50.

Isidor (L.). — Notices biographiques sur —. XIII, 10 : XVI, 27,

Islamisme. — La renaissance de l' —. XVI, 124.

Islande. — Réponse à M. Gisli Brynjulfsson sur la Grande — des Sagas. IX, 29 || Introduction de l'imprimerie en —. XVII, 22.

Isthme de l'Amérique Centrale. I, 16.

Italie. — Alimentation primitive de la Grèce et de l' — II, 142 || Introduction de l'imprimerie en —. XVII, 15.

Izanaghi. XVI, 199.
Izanami. XVI, 199.

J

Jacolliot. — Anthropophagie en Océanie. VIII, 355.
Jacqueline (Ch.). Les grands leviers de la Nature. XII, 117 || De l'utilité que l'on peut retirer de l'erreur. XII, 182 || L'avenir de la Transfusion. XII, 242 || Un problème de Linguistique à résoudre. XIII, 147.
Jametel (M.). — Du rôle des tons dans la langue Chinoise. XIII, 92 || Notice sur —. XIII, 115.
Japan. — The Jesuit Mission Press in —. XIII, 167.
Japon. — Ethnographie du —. III. 49 || La langue Japonaise. III, 51 || Religion du —. III, 54 || Nourriture au —. III, 55 || Le costume japonais. III, 56 || Sources de renseignements pour l'étude des religions de la Chine et du —. VI, 244 || L'art au —. VII, 200 || Différents noms du —. IX, S. P. 20 || Introduction de l'imprimerie au —. XVII, 195 || Le — politique actuel. XVII, 206 || L'évolution politique et sociale du — contemporain. XVII, 210 || La nacre au —. XVIII, 81 || Les danses mimées au —. XVIII, 285 || Les lutteurs au —. XIX, 22 || L'art au — contemporain. XIX, 42 || L'enseignement dans les Écoles au —. XIX, 46 || La Société de la Croix-Rouge du —. XIX, 49 || Essai sur l'histoire du —. XIX, 99 || Voy. JAPONAIS.
JAPONAIS. — Affinités du — avec certaines langues du continent asiatique. II, 123 || Bibliographie japonaise. V, 289 || Origine de l'écriture —. VII, 176 || Philologie —. VII, 189 || Études japonaises. VII, 189, 205 || Les caractères extérieurs comparés des Chinois et des —. VII, 241, 247 || Notation des noms propres en —. VIII, 287 || Relations des anciens Chinois et des anciens —. IX, S. P. 19 || Pathologie des —. XI, 72 || Exposition de la gravure japonaise. XIV, 83 || Limites ethnographiques des —. XVIII, 274 || Voy. *Japon*.
Jaune. — Du domaine et de la délimitation des peuples de race —. X, 116.
Java connu des anciens Chinois. IX, S. P. 30 || L'art indo-javanais. XIX, 268.
Jesuit (The) Mission Press in Japan. XIII, 167.

Jeu de Go. XVIII, 81.

Jeune fille (La) de l'Extrême-Orient. XVIII, 18.

JÉZIDES. XVII, 88.

Jomard. — Découvertes de M. Pierre Sevastianoff. I, 12 || Sur le sceau de la Société. I, 14 || Discours d'ouverture de la seance générale de la Section americaine. I, 90 || Renseignements sur l'Ethnographie du Japon. III, 57 || Don à la Société. III, 60 || Ses obsèques. III, 104.

Jongleurs. — Des serpents venimeux de l'Inde et des —. XII, 277.

Journal officiel. — Numéros du — donnant le Compte-rendu des séances de la Societe. X. 236

Jouault (Alph.). — Métissages du Dominion Canadien. VIII, 193 || Origines des Américains, suivant Haeckel. VIII, 264 || Rôle des métis dans la colonisation anglaise du Nord-Ouest américain. IX, 55.

JUDÉE. — Condition politique et religieuse de la — dans les derniers temps de sa nationalité. XIV, 113, 150, 183.

Judiciaires. Voy. Justice.

Juge (Du) unique XIII, 141.

JUIFS. — Condition de la femme mariée chez les —, au premier siècle avant Jésus-Christ. VIII, 390 || Les — en Birmanie. XIX, 243.

Julien (Stanislas). — Sources de renseignements pour l'étude des religions de la Chine et du Japon. VI, 244.

Jurgensen (Ph.) La notion de la liberté dans le Bouddhisme ésotérique. XI, 240

Justice — Erreurs judiciaires. XIV, 170.

K

KABYLES (Les) et la colonisation en Algerie. V, 171.

Kamtschatka (Le) avant 1741. XIV, 138.

Katouniques. — Déchiffrement des textes —. VIII, 236.

Kattinggola || Voy. Limo lo Pahalaa.

KHMER. — Un temple — voué au Nirvâna, VIII, 400 || Voy. Kmers.

Kiao-tchi. — Notice chinoise sur le —. VI, 144 : IX, S. P. 76 || Voy. Tonkin.

KICHÉS. — Les noms sacrés —. XV, 79.

King-tou-ti ou culte des Dieux des montagnes. XIV, 72.

Kingsborough (Lord). — Collection de peintures hiéroglyphiques Mexicaines. IV, 387.

Kiou-siou. — L'île de —. XI, 88.

KMERS (Les). XVIII, 403 || Voy. Khmer.

Kock. — Le bacille de —; son influence sur la tuberculose. XVIII, 162.

Kora, dialecte hottentot. VI, 234.

Koskinen. — Géographie ethnographique de la race Finnoise. II, 85.

Kouang-si. — Die Sprache des Cuang-tsi. XIII, 83.

L

Labarthe (Charles **de**). — Essai sur la classification bibliographique des ouvrages relatifs à l'Ethnographie. III, 7 || Instructions générales sur les observations Linguistiques. III, 21 || De l'état social et politique du Mexique avant l'arrivée des Espagnols. IV, 213 || Programme scientifique de l'Ethnographie. V, 146 || Classification ethnographique des races humaines. V, 177 || Rapport sur les collections de la Société. V, 190 || Place de la linguistique dans les études ethnographiques. V, 234 || Rapport sur le Manuel de la lecture japonaise de Léon de Rosny. V, 289 || Rapport à la Commission des Fonds 1865-66. VI, 13 || Des aptitudes des nations considérées comme base de la Classification ethnographique. VI, 92 || Le Droit ethnographique, VI, 114 et suiv. 187 L'âge de pierre. VI, 151 || Ethnographie de la race Hottentote. VI, 155 || Yeux artificiels. VI, 167 || Photographie des types de race. VI, 169 et suiv. || Sur la Chevelure humaine. VII, 9 || Carte linguistique de l'Asie. VII, 35 || Notice biographique sur —. VIII, 359.

Lacs. — Le pays des Dix-mille —. XII, 74.

Lafon (Ph.). — De la toxicologie en Allemagne et en Russie, XI, 307.

Lagache (Célestin). — Discours prononcé à la séance publique annuelle du 7 juillet 1887. XI, 226 || Nécrologie. XVIII, 20, 130.

Lagrée. || Voy. Doudart de Lagrée.

Lake-ore (Le). VI, 166.

Lamas (Pedro S.). — Parallèle de l'idée de Civilisation en Europe et en Amérique. XII, 258.

Lamairesse (E.). — L'Inde avant le Bouddhisme. XIV, 225 || L'Inde avant le Bouddha XVI, 25.

Lamairesse (P.). — De l'avantage, au point de vue ethnographique, de l'etablissement d'une communication facile et sûre entre l'Algerie et le Soudan français. XV, 128.

Landa. — Rapport sur une Relation des choses du Yucatan, de Diego de Landa. III, 249.

Landes. — Ethnographie Landaise. XVIII, 338, 344 || Les funérailles dans les — de Gascogne. XVIII, 340.

Langage. — Le but du —. IX, 87 || — des Néo-Calédoniens. XI, 236 || — des anciens Mexicains. XI, 272 || Évolution du —. XIII, 300 || — des mouches. XVI, 222 || Grammar of the Bengali —. XVIII, 46 || Voy. Langue.

Langue (La) aino. I, 76 : XII, 167 || Affinites du Japonais avec certaines langues du continent asiatique. II, 123 — Grammaire des langues Sonoriennes. IV, 250 || La — Hottentote. VI, 156, 218, 232 || Caractères de la — Française au IXᵉ siècle. VI, 315 || La — et le peuple Celtes. VII, 11 || Sur les langues à grammaire mixte. VIII, 67 || Affinites des — américaines et océaniennes. VIII, 109 || Sur la — Boughi. VIII, 292 || Comment disparaît une — (Aino). XII, 167 || La — et l'écriture universelles. XII, 177 || Die Sprache des Cuang-tsi. XIII, 83 || Du rôle des tons dans la — Chinoise XIII, 92 || Cours eclectique de — Chinoise parlée. XIII. 279 || Lutte entre les langues Danoise et Allemande. XVII, 31 || La — Barmane XVII, 202 — internationale. XVII, 235 || Étude pour le perfectionnement de la — Française. XVIII, 7 || Les races et les langues. XVIII, 190 || La conservation des langues et des patois. XIX, 41, 89 || Une langue qui s'éteint. XIX, 86 || La — et l'écriture en Cochinchine. XIX, 229 || Étude sur la race Mandchoue et sur sa langue. XIX, 248 || Voy. Linguistique, Dialectes, Idiomes.

Lao. — Notice chinoise sur le — ou Lao-tchoua. VI, 143.

Lao-tchoua || Voy. *Lao.*

Lao-tse et les origines du Taoisme. XII, 93 || Lao-tse, fondateur du Taoïsme. XVI, 5 || La philosophie de — devant la

pensée contemporaine. XVI, 29 || — et Schilling. XVII, 298 || Lao-tse. XVIII, 249.

Lapons. — Légende du Déluge chez les —. XVII, 226.

Latrines. XVIII, 30.

Lawton (F.). — Les unitairiens en Angleterre. XV, 14 || Les Quakers. XV, 168 || L'Église Anglicane. XVI, 13.

Lebrun. — Archéologie Lorraine, VIII, 324.

Leclère (Adh.). — Législation du Cambodge. XVII, 253 || L'éducation chez les Cambodgiens. XVIII, 169, 181, 205, 233, 253 || Ethnographie des Pnongs. XVIII, 342.

Légende. — Les Cléontes et leurs légendes VII, 87 || Legends of the Micmacs. XVIII, 16 || Une — Finnoise. XVIII, 226 || — du Déluge chez les Lapons. XVIII, 226 || — Chinoise taoïste. XIX, 243.

Législation des mariages entre Blancs et Nègres. XI, 21 || — du Cambodge. XVII, 253 || La — nouvelle au Japon. XVIII, 279.

Legrand (Dʳ). — Discours lu à l'ouverture de la séance publique annuelle du Divan Oriental, le 5 novembre 1888. XII, 273 || Discours prononcé à la séance du 4 février 1889. XIII, 81.

Leitner (Dʳ). — Carte linguistique de l'Inde Cisgangétique. IX, 71 || Un Institut oriental en Angleterre. XII, 177.

Lemercier (Joseph). — Notice sur —. XI, 54.

Lemire (Charles). — L'art Indo-Javanais. XIX, 268.

Lenguas (Les). X, 200.

Lenormant (Charles), de l'Institut. — Commission nommée pour s'occuper du sceau de la Société, I, 13 || Nécrologie. I, 29 || Obsèques, discours. I, 30 || Notice nécrologique. I, 85.

Léouzon Le Duc. — L'âge de pierre et le Congrès archéologique de Copenhague. VI, 150.

Lèpre. — Ethnographie, nature, histoire et géographie de la — XI, 5.

Lesouëf (Aug.). — L'ambiantisme en Ethnographie. XIX, 175 || Notice sur Ferdinand Denis. XIX, 204.

Lesseps (Baron Jules de). — Lettre du —. VI, 8.

Letourneau (Ch.). — L'évolution du Mariage et de la Famille, XII, 108. || Des transformations de la Propriété. XIV, 85.

Leucomaïnes. — Immunité par les —. XI, 297 : XIV, 28.

Levallois. — Fouilles dans un terrain quaternaire à — VI, 165.

Levasseur (Émile). — La population en France. XI, 51 ‖ Le Homestead. XIX, 131.

Leviers. — Les grands — de la nature. XII, 117.

Liberté. — Notions de la — dans le Bouddhisme ésotérique. XI, 241.

Liégaux (A.). — La renaissance de l'Islamisme. XVI, 124.

Lieou-kieou. IX, Sp. 22, 79.

Limites ethnographiques des Japonais. XVIII, 274

Limo lo Pahalaa. — Étude d'ethnographie océanienne. VI, 105.

Limoeto. ‖ Voy. Limo lo Pahalaa.

Linguistique. — Alphabet unitaire —. II, 47 ‖ Étude sur le verbe « ÊTRE ». II, 106 ‖ Mots Norvégiens comparés au Sanskrit. II, 116 ‖ Affinités du Japonais avec certaines langues du continent asiatique. II, 123 — Instructions générales sur les observations linguistiques. III, 24 ‖ De la place de la — dans les études ethnographiques. V, 230 ‖ Alphabet international — de M. Léon de Rosny. Rapport de M. Jules Oppert. VI, 199 ‖ La — comparée et les études ethnographiques. Discours de M. Jules Oppert. VI, 267 ‖ Carte — de l'Asie. VII, 34 ‖ La — comparée. VIII, 67 ‖ — Bulgare. XII, 47 ‖ Un problème de — à résoudre. XIII, 147 ‖ La — et les singularités de l'orthographe Française. XIII, 172 ‖ La lutte entre les langues Danoise et Allemande. XVII, 31 ‖ — Océanienne. XVIII, 261 : XIX, 85 ‖ Une langue qui s'éteint. XIX, 86 ‖ Voy. Langue.

Lin-i. IX. S. P. 77 ‖ Voy. *Siam.*

Li-sao. — Le Fou-sang et les rapports des Chinois et des Américains dans l'Antiquité. Le —. VI, 171.

Littérature. — Les examens littéraires en Chine. VI, 219. ‖ La — écrite de l'antiquité Américaine. XII, 289 ‖ — Lolo. XVII, 52.

Livre (Un) Étrusque. XVII, 112.

Lœnnrott (Élias). XI, 257 : XVI, 55.

Loewenthal (Dr W.). — Enseignement actuel de l'hygiène. XI, 82 ‖ Nouvelles expériences sur le choléra. XIII, 57.

Lolo. — Littérature —. XIV, 73 : XVII, 52.

Long (Ed.). — Chemins de fer de Moliendo a Arequipa ; détails archéologiques. VIII, 129.

Longévité des aborigènes de l'Australie. XI, 38 || — des Animaux. XVII, 33 || — comparée des sociétés humaines. XVIII, 233.

Longpérier (Ad. **de**). — Un ancien vase Péruvien. VIII, 259.

Lorraine. — Archéologie —. VIII, 324.

Louveau (Dr). — Une conférence sur le Bouddhisme. XV, 81.

Lubbock (Sir John). — L'homme avant l'histoire. V, 373.

Lucy-Fossarieu (P. **de**). — Les examens littéraires en Chine. VI, 219.

Ludders. — L'affaire —. XIX, 100.

Lutte (La) des civilisations et l'accord des peuples. XVII, 51 || La — des classes sociales. XIX, 245.

Lutteurs (Les) au Japon. XIX, 22.

Ly Chao-pee. — La condition de la femme en Chine. VIII, 185 || Les dieux des montagnes. XIV, 72 || Les progrès de la Chine depuis 1860. XVII, 236.

Lyon. — L'Institution Ethnographique à —. XII, 144.

M

Mac Donald (Rev Dr). — Linguistique Océanienne. XVIII, 261 : XIX, 85.

Madagascar. — L'hygiène à —. XI, 184 || La peine de mort à —. XV, 153.

Madier de Montjau (E.). — Les caractères extérieurs comparés des Chinois et des Japonais. VII, 241, 247 || Rapport sur les progrès de l'ethnographie Mexicaine. VIII, 113 || Congrès provincial des Orientalistes. Session de Saint-Étienne. VIII, 123 || De l'universalité de l'écriture dans l'Amérique ancienne. VIII, 235 || Congrès international des Américanistes. VIII, 272 || De l'odeur du corps et de l'odorat comme caractère de race. IX, 111 || Notice sur —. XVIII, 348.

Mahomet. XVI, 182, 205.

Mahométans (Les) en Birmanie. XIX, 242.

Maïs. — Consommation du — chez les anciens Américains. VIII, 212.

Maison. || Voy. Habitations, Habitat.

Main. — Le pied et la —, chez les différentes races. VI, 180.

Maladies (Les) des aborigènes d'Australie. XI, 36 || Maladie des yeux en Chine. XI, 50 || Les — des peuples de race Jaune,

XI, 69 ‖ Les — dans l'Avesta. XI, 205 ‖ Les — et leur influence sur le commerce du Monde. XVIII, 37, 60, 67, 83 ‖ Voy. Fièvres, Choléra.

MALAIS. — Archipel — connu des anciens Chinois. IX, S. P. 26 ‖ Voy. Malaisie.

Malaisie. — Ethnographie de la —. VI, 105 ‖ La — aux époques des Tcheou, des Tsin, des Han, des Tsiu, des Soui et des Tang. IX, S. P. 92 à 100.

Malte-Brun. — Origine des Américains. VIII, 270.

Mandarins. — Devoir des — Cambodjiens. XVIII, 184.

MANDCHOU. — Manuscrit —. XIV, 282 ‖ La langue Mantchoue XIX, 86 ‖ Étude sur la race Mandchoue et sur sa langue. XIX, 248.

MANDINGO (Les). VI, 217.

Manioc (Le). VIII, 250, 258.

Mantel (A.). — Étude ethnographique sur la Peine de mort. XVII, 197, 278, 288, 306 : XVIII, 4 ‖ Rapport annuel, 1894. XVII, 325.

Manuscrit. Un — inédit. I, 13 ‖ — Mandchou. XIV, 282.

Marceron (D.). — Le Kamtschatka avant 1741. XIV, 138 ‖ Ethnographie de la Sibérie. XIV, 283 ‖ La prostitution dans l'Égypte antique et aux Indes. XV, 228 ‖ L'Ethnographie Afghane. XV, 232 ‖ Introduction de l'Imprimerie chez les différents peuples. XVI, 46, 57, 96 : XVII, 15, 41, 190 ‖ Discours sur les progrès de la Sinologie. XVII, 255 ‖ Causes de la décroissance de la Population en France. XVIII, 100 ‖ Le Taoïsme de Lao-tse et le Taoïsme des Taosseïstes. XVIII, 249.

Mariage. — Condition de la Femme mariée chez les Juifs, au premier siècle avant Jésus-Christ. VIII, 390 ‖ Legislation des mariages entre Blancs et Nègres. XI, 21 ‖ L'évolution du — et de la Famille. XII, 108 ‖ La Femme, le —, la Famille en Australie. XIV, 143 ‖ Les cérémonies du — dans l'ancienne Gascogne. XVIII, 322.

Mariée. ‖ Voy. Mariage.

MAROPAS (Les). ‖ Voy. Antis.

Martin (Henri). — Toast porté à l'occasion de la reconnaissance de la Société d'Ethnographie comme Établissement

d'utilité publique. X, 65 || L'Inde avant le Bouddhisme, d'après —. XIV, 239.

Martin de Moussy. || Voy. **Moussy.**

Marumo. — Le Japon politique actuel. XVII, 206 || L'évolution politique et sociale du Japon contemporain. XVII, 211 || Le jeu de Go. XVIII, 81.

Mascara. — Monuments mégalithiques de l'arrondissement de — XI, 57.

Mashonaland. XVII, 23.

Mason Satow. — The Jesuit Mission Press in Japan. XIII, 167.

Masques (Les) des anciens Mexicains. VI, 277.

Massue d'obsidienne des anciens Mexicains. VII, 99.

Matriarcat. XIII, 252.

Maury (Alfred), de l'Institut. — La terre et l'homme. I, 40.

MAYAS. — La littérature écrite de l'antiquité Américaine et le déchiffrement des textes hiératiques —. XII, 289.

Mazdéenne. — La médecine —. XI, 202.

Mazelière (Mᑫᵘⁱˢ de la). — Essai sur l'histoire du Japon. XIX, 99.

Mazenderan (Le). XVIII, 48.

Médailles. — Liste des — à décerner. XIX, 275.

Médecine. — Ethnographie médicale des peuples de race Jaune. XI, 39, 69, 99, 127, 155 || La — en Chine. XI, 43, 99, 127, 155 || Enseignement médical moderne en Chine. XI, 46 || La — dans l'Avesta ou la — Mazdéenne. XI, 202 || Des Rêves et de leur explication dans la — Chinoise. XII, 22.

Médical. || Voy. Médecine.

Mégalithiques. — Monuments — de l'arrondissement de Mascara. XI, 57.

Mélanaisie. — Les populations Mélanaisiennes. XVII, 39.

Membres. — Liste des — de la Société. || Voy. Annuaires.

Menant (Joachim). — Inscriptions cunéiformes. I, 148 || Les noms propres Assyriens. II, 62.

Mène (Dʳ Édouard). — Rapport annuel de la Commission des Récompenses et Encouragements. 1884. X, 37 ; 1887. XI, 230 ; 1888. XII, 197 ; 1889. XIII, 133.

Ménos (Solon). — L'affaire Ludders. XIX, 100.

Mensurations anthropométriques. VI, 151.

Mère (La) du Soleil. XVI, 197 || La — Cambodjienne. XVIII, 171.

Merveilles. — Les sept — de la Corée. XVIII, 112.

Métempsychose. ǁ Voy. Transformisme.

Méthode conscientielle (La) en Ethnographie. IX, 75 : XII, 106.

Métis. — Fécondité des —. V, 48 ǁ Rôle des — dans la colonisation anglaise du Nord-Ouest américain. IX, 55 ǁ Voy. Métissage.

Métissage. VIII, 191, 221 : X, 49 : XVII, 207 ǁ Avenir du — en Nouvelle-Calédonie. XI, 234 ǁ Voy. Metis.

MEXICAINS (Les). XI, 267 ǁ Voy. Mexique, Amérique.

Mexique. — Histoire anté-colombienne. I, 109 ǁ Sacrifices humains au —. I, 111 ǁ Des antiquites mexicaines. IV, 129 ǁ Recherches faites et a faire sur l'origine de la race mexicaine indigène. IV, 133 ǁ Commission scientifique du —. IV, 190, 193, 256 ǁ De l'etat social du — avant l'arrivée des Espagnols. IV, 213 ǁ Collection de peintures hieroglyphiques mexicaines. IV, 387 ǁ Les masques des anciens Mexicains. VI, 277 ǁ Sceaux et autres antiquités des Mexicains. VI, 348 ǁ Crânes —. VI, 350 ǁ Chronologie historique des —. VII, 77 ǁ Rapport sur les progres de l'Ethnographie mexicaine. VIII, 113 ǁ Origine des anciens peuples civilises du — XI, 263 ǁ Religion, écriture, calendrier des anciens peuples du —. XI, 271 ǁ Rig-Veda Americanus XIV, 81 ǁ Ethnographie mexicaine. XIX, 238. Voy. Mexicains.

Mézière. — Compte-rendu des Recherches sur l'AGRICULTURE DES CHINOIS, du marquis d'Hervey Saint-Denys. I, 22.

MIAO-TSE (Les). XVIII, 345, 391.

Michalowski (Dr). — Tud et Lud. X, 183 ǁ Linguistique bulgare. XII, 47 ǁ Notice sur —. XVII, 88.

MICHICUYS (Les). X, 200.

Michigan. — Antiquités du —. VIII, 162.

MICMACS (Les). XVIII, 16.

Micronésie. — Ethnographie de la —. XIX, 196,

Migrations. — Sur les — ethniques ou militaires. VII, 167 ǁ Les grandes — préhistoriques en Asie. XVIII, 289 ǁ — touraniennes préhistoriques. XVIII, 345 ǁ Bibliographie des — orientales. XVIII, 402.

Milieux. — L'atavisme et l'influence des — XIX, 167, 203. ǁ Voy. Ambiantisme.

Mimées. — Les danses — au Japon XVIII, 263.

Minoret (E.). — Rapport sur le Droit dans l'Ethnographie. VI, 21, 113 et suiv.

Mîr Haçan. — Le Sihr ul-bayan. V, 57.

Misère. — Des causes de la — à Peking. XIII, 230.

Missions ethnographiques de France. VIII, 95 || The Jesuit Mission Press in Japan. XIII, 167.

Mixco. — Fouilles aux tumulus de —. VII, 160.

MOCETENÈS (Les). || Voy. Antis.

Modification des types de race en Asie. XVIII, 257.

Mœurs des femmes en Orient. I, 51.

Moldavie. (La). VI, 286.

Moliendo. — Chemin de fer de — à Arequipa ; détails archéologiques. VIII, 129.

Momie. — La face momifiée du cardinal de Richelieu. VII, 94.

Monastère. — Les ordres monastiques de femmes dans le Bouddhisme. XVI, 113, 141.

Monde. — Les Maladies et leur influence sur le commerce du —. XVIII, 37, 60, 67, 83.

Mondière (A.-C.). — Législation des Mariages entre Blancs et Nègres. XI, 21.

Monétaire (Système) des Néo-Calédoniens. XI, 236 || Voy. Numismatique.

Monothéisme. — Les Sémites et le —. VI, 127 || Évolution du —. VI, 129 || Le — des peuples primitifs. VI, 131 || Voy. Dieux, Divinités, Polythéisme.

Montagnes. — Les Dieux des —. XIV, 72.

Montblanc (Comte **de**). — Le but du langage. IX, 87.

Montefiore. — Les Boumerangs Australiens. VI, 247.

Monts de Piété (Les) en Chine. XIX, 50.

Monuments de l'Art américain. I, 95 || — mégalithiques de l'arrondissement de Mascara. XI, 57.

Morale. — Les institutions morales et politiques des anciens Danois. XIV, 197 || La — du Bouddhisme. XV, 116 || Le Progrès moral et ses conditions. XVI, 146.

Morice (Dr). — Les Narcotiques en Indo-Chine. VIII, 151.

Morphologie. — Des avantages de la — cranienne. XIV, 20, 50.

Mortillet (G. **de**). — L'Indo-Chine avant le Bouddhisme. XIV, 238.

Mosaïque. — La création d'après le récit —. XVII, 273.

Moscou. — Musée de —. V, 224 ‖ Exposition ethnographique de .—. V, 347.

Moxos (Les). X, 200.

Mouches. — Le langage des —. XVI, 222.

MOUND-BUILDERS. (Les). XVIII, 386.

Mouqueron (Ars.) — Sur la langue Boughi. VIII, 292.

Moussy (Dr **Martin de**). — De l'unité de la race américaine. IV, 175 ‖ Histoire du Bassin de la Plata IV, 261 ‖ Produits de la République Argentine. IV, 325 ‖ Classification ethnographique des races humaines V, 165 ‖ Place de la Linguistique dans les etudes ethnographiques. V, 238 ‖ Aptitudes des nations. VI, 89.

Musée. — Dons au — de la Société I, 145, 158 ‖ — de Moscou. V, 224 ‖ Rapport sur la Bibliotheque et le Musée de la Société. VII, 229.

Musulman. — Le droit — chez les Arabes. X, 85.

Myrial (Mme A.). — Le culte et les croyances populaires des Annamites. XIX, 76 ‖ L'Ambiantisme en Ethnographie. XIX, 175, 203.

Mysticisme chrétien. XVII, 217.

Mythologie. — Les Symboles mythologiques de l'Antiquite. XVII, 232.

N

Nacre (La) au Japon. XVIII, 81.

Nahuatl (Le). — Rig-Veda Americanus. XIV, 81.

Nâladiyâr. XVII, 28.

NAMAQUA (Dialecte). VI, 233.

Namoeun (Les) en Cambodge. XVIII, 183.

Nam-viet. ‖ Voy. Annam.

Nan-youeh. ‖ Voy. Annam.

Nasser-Eddine Chah. XIII, 169.

Nat. — Les adorateurs de — en Birmanie. XIX, 242.

Nationalité. — Irlandaise. V, 225 ‖ De la condition politique et religieuse de la Judee dans les derniers temps de sa —. XIV, 113, 150, 183 ‖ L'assimilation des nationalités en Amérique. XIX, 186.

Nations. — Origine de la nation chinoise. III, 139 || Aptitudes des races et des —. VI, 85.

NATTOUCOTTEAR (Les). XVIII, 66.

Nature. — L'homme et la —. V, 199 || Les grands leviers de la —. XII, 117.

Navigation. — Moyens de — des anciens Péruviens. X, 109.

Nécrologie. — C^{el} Codazzi. I, 16 || Ch. Lenormant. I, 29, 85,|| II. Wilson. I, 54 || Jobard. II, 140 || Jomard. III, 104 || Rafn. IV. 192 || F. Bopp, Flourens, le baron Aucapitaine. VI, 20 || Texier, Charles de Labarthe, G. Flourens, Lucien de Rosny, Lejean. VII, 13 || Sandou-Udayar de Patchakadhay. VII, 67 || Brasseur de Bourbourg. VIII, 8 || Fernand Sequelin. VIII, 307 || Soliman al-Harairi. VIII, 307 || Doudart de Lagrée. IX, 118 || Pantazzi Ghika. X, 68 || le baron de Dumast. X, 72 || Kurimoto. X, 72 || l'abbé Favre. XI, III || Dr R. Gosset Deslonchamps. XI. 274 || Geslin. XI, 309, 316 || A. Wylie, Pfizmaier, le baron J. de Lesseps. XI, 316 || H. Carnot. XII, 57 || Lazare Isidor. XII, 213 || Charles Schœbel, Alphonse Castaing. XII, 293 || Maurice Jametel. XIII, 115 || Michel Amari. XIII, 224 || Fustel de Coulanges, Torres Caicedo, Gal Faidherbe, S. M. Dom Luis, roi de Portugal, A. Corvasier, Léouzon Le Duc, Th. Delamarre. XIII, 272, 276 || Pavet de Courteille. XIV, 30 || Éd. Charton. XIV, 76 || A. Duclaud. XIV, 169 || Ferdinand Denis. XIV, 196 || Gaspard Bellin. XV. 105, 108 || Gasparo Gorresio. XV, 140 || Schliemann. XV, 147 || Félix Hément. XV, 206 || Dom Pedro II. XV, 226 || Alex. Chodzko, Alfred Maury. XVI, 27 || d'Hervey de Saint-Denys. XVI, 221 || Alph. Dilhan. XVI, 231 || Dr Villemin. XVI, 232 || J. Silbermann. XVII, 38 || P.-A. Blanche. XVII, 56 || Ad. Franck. XVII, 69 || Ch. Varat. XVII, 71 || F. S. Michalowski. XVII, 88 || H.-F. Duchinski. XVII, 123 || A.-R. Rhangabé, Don V.-Vasquiez Queipo. XVII, 124 || Esquirou de Parieu, D. Pector. XVII, 125 || Bourse père, César Daly. XVII, 159, 326 || Ph.-Éd. Foucaux. XVII, 238 || Henry de Rosny. XVII, 266 || Gust. Dugat. XVII, 327 || William-Dwight Whitney. XVII, 327 || Henry Brugsch. XVII, 328 || Charles Cousin. XVII, 329 || Victor Duruy. XVII, 330 || Ch. de Lesseps. XVII, 330 || Célestin Lagache. XVII, 20 || Réthoré. XVIII, 97 || A. Alphandéry, Ph. Becker, E. Goupil, le comte Ch. de Montblanc, Dr Rougedemontant. XVIII, 128 || E.

de Rozière. XVIII, 193 || H. Cernuschi, Ch. Pavie, J. Simon, l'amiral Tcheou. XVIII, 224 || Lallemant-Dumoutier. XVIII, 263 || A. de Bellecombe, Mgr Carillo y Ancona, J. Duchâteau, A.-N. Féry. XVIII, 320 || Madier de Montjau. XVIII, 336 || Mme Devaux, G. von der Gabelentz, Ch. Husson, Ch. Schéfer, Tru'o'ng Vinh-ky. XVIII, 432 || Rev. J. Legge, G. de Mortillet, F. Robiou. XVIII, 442. || Dr G. W. Leitner. XIX, 43 || Prof. H. Steinthal. XIX, 54 || D Brinton, Mgr C de Harlez, J. Ménant, A. Richez, XIX, 124 || Hassan Ali-Khan. XIX, 140 || Léon Cahun, Benlœw. XIX, 213 || Voy. Notices historiques. Rapports annuels.

NEGRES. — La tradition vivante des nègres. III, 62 || Ethnographie descriptive de la race noire. VI, 214 || Législation des mariages entre blancs et nègres. XI, 21 || La religion du —. XI, 141, 171 || La religiosité chez le — d'Afrique. XVIII, 20 || Les populations noires primitives XVIII, 177.

NÉO-CALEDONIENS. — Anthropologie, ethnographie et pathologie des —. XI, 231 || Les —. XVII, 109

Néo-helléniques. — Études —. VII, 225.

NÉO-ZÉLANDAIS. || Voy. Nouvelle-Zélande.

Néphrite (La) et le Fou-sang, VIII, 274.

Nerfs. — Des Zoocosmes dans la pathologie nerveuse des races. XVIII, 369 : XIX, 42.

Nerveuse || Voy. Nerfs.

Nicolas (Dr A.). Climatologie intertropicale. XI, 209, 248, 279, 301.

Nippon || Voy. Japon.

Nirvâna. — Un temple Khmer voué au —. VIII, 400 || Le — bouddhique. XV, 25.

Noires. — Ethnographie descriptive de la race Noire. VI, 214 || Les populations — primitives. XVIII, 177.

Nomades. — La Hongrie et les peuples —. VI, 239.

Noms propres. — assyriens. II, 62 || Notation des — propres japonais. VIII, 287.

Nord-Ouest. — Rôle des métis dans la colonisation anglaise du — américain. IX, 55.

Norvège. — Introduction de l'imprimerie en —. XVII, 21. || Voy. Norvégiens.

NORVÉGIENS. — Mots — comparés au sanscrit. II, 116.

Notices historiques et biographiques. — Le colonel Codazzi. I, 16 || Ch. Lenormant. I, 29, 85 || H. Wilson. I, 54 || Baron de Bourgoing. Rafn. V. 77, 129 || Martin de Moussy. VI, 259 || Norton-Shaw. VI, 260 || Berbrugger. VI, 260 || Gustave Flourens. VII, 27 || Lucien de Rosny. (Portrait) VII, 115 || Guérin-Méneville. VIII, 93 || Brasseur de Bourbourg. VIII, 139 || Jérome Osorio. VIII, 247 || Charles de Labarthe. VIII, 359 || Édouard Dulaurier. X, 101 || J. Lemercier. (Portrait) XI, 54 || H. Carnot. XII, 57 : XIII, 10 || Charles Cros. XII, 270 || Féraud. XIII, 10 ||-Lazare Isidor. XIII. 10 : (Portrait) XV, 27 || Charles Schoebel. XIII, 11 || J.-C. Geslin. XIII, 245 || Henry Schliemann. XV, 147 || Elias Lœnnrott. (Portrait) XVI, 55 || F.-G. Eichhoff. (Portrait). XVI, 135 || César Daly. XVII. 326 || Célestin Lagache. (Portrait). XVIII, 130 || E. Madier de Montjau. XVIII, 348.

Nourriture || Voy. Alimentation.

Nouvelle-Calédonie. — Anthropologie, ethnographie et pathologie de la —. Avenir du métissage. XI, 231.

Nouvelle-Grenade. — Travaux du colonel Codazzi sur le Vénézuéla et la —. I, 16.

Nouvelle-Zélande. — Antiquités néo-zélandaises. XVIII, 273.

Numismatique. V, 193 || Voy. Monétaire (Système).

Nymphes. — Sur le prolongement des — et la circoncision. VI, 161.

O

Obsèques. — Règlement relatif aux — des membres. XII, 86 || Voy. Nécrologie.

Observations. — Instructions générales sur les — linguistiques. III, 21.

Obsidienne. — Massue d' — des anciens Mexicains. VII, 99.

Obstétrique (L') chez les peuples primitifs. XI, 64 || Voy. Accouchements.

Océan. — Communication inter-océanique dans l'Amérique centrale. I, 16.

Océanie. — Etude d'ethnographie océanienne. VI, 105 || Études océaniennes. VII, 243 || Affinités des langues — et américaines. VIII, 109 || L'anthropologie en —. VIII, 353 || Connaissances des anciens Chinois sur l' —. IX, S. P. 25 || Ethno-

génie de l' —. XVIII, 148 || Linguistique océanienne. XVIII, 261 : XIX, 85.

Odeur (De l') du corps comme caractère de race. IX, 109.

Odorat (De l') comme caractère de race. IX, 87, 109.

Omalius d'Halloy (J. d'). — Le transformisme. XVII, 56.

Opium (L') en Indo-Chine. VIII, 151 || De l'usage de l' — en Chine et des causes de la misère a Péking. XIII, 230.

Oppert (Jules). — Notice nécrologique sur Ch. Lenormant, I, 85 || Grammaire Sanscrite. I, 72 || Rapport sur les recherches de M. Ménant sur les inscriptions cunéiformes. I, 148 || Traduction d'un cylindre babylonien. II, 52 || Place de la linguistique dans les etudes ethnographiques. V, 266 || Les vues de M. Emm. de Rougé sur le rôle présent et futur de l'Ethnographie. VI, 128 || Les Semites et le Monothéisme. VI, 128 || L'âge de pierre. VI, 150 || Le Fou-sang et l'Amérique. VI, 175 || Rapport sur l'Alphabet international linguistique de M. Léon de Rosny. VI, 199 || Les Élamites. VI, 237 : VII, 114 || La Linguistique comparee et les etudes ethnographiques. VI, 267 || Ethnographie de la Prusse. VII, 62 || Le nombre des êtres humains. VII, 92 || Sur le peuple qui a inventé l'écriture Cunéiforme. VII, 172 || Les populations dites touraniennes. VIII, 20 || Inscriptions Cunéiformes. VIII, 309 || Origine de l'alphabet cunéiforme perse. VIII, 310 || Rapport sur l'Essai sur le dechiffrement de l'écriture hiératique de l'Amérique Centrale, de Léon de Rosny. IX, 48 || Discours prononce à l'ouverture de la seconde session du Congrès des Sciences Ethnographiques. 30 septembre 1889. XIII, 303 || La Civilisation Anté-semitique. XIX, 132.

Ordres (Les) monastiques de femmes dans le Bouddhisme. XVI, 113, 141.

Organes sexuels et l'appareil séminal chez l'homme. III, 96 || Les — génitaux des femmes Hottentotes. VI, 163.

Organisation religieuse dans l'antiquité et dans la société moderne. XVII, 6

Orient. — Coup d'œil général sur l' —. I, 48 || Mœurs des femmes en —. I, 51 || Cérémonics des funérailles en — I, 53 || Décadence de l' —. I, 57 || Publications relatives à l' —. I, 60 || Voy. Extrême-Orient, Orientaux.

ORIENTAUX. — Rapport sur les publications orientales en 1859.

I, 60 ‖ Des peuples — connus des anciens —. IX, Sp. 9 ‖ De l'écriture chez les peuples —. XVIII, 396 ‖ Bibliographie des migrations orientales. XVIII, 402.

Orientalistes (Congrès des). — Statuts. VII, 153 ‖ Questions proposées. VII, 205 ‖ Session provinciale de Saint-Étienne. VIII, 123 ‖ Congrès international des —. XVIII, 50, 52.

Orientation. — Théorie de l' — en Ethnographie. VIII, 107.

Origine de la civilisation. I, 54 ‖ Origines de la nation chinoise. III, 139 ‖ Des — et antiquités américaines, IV, 348 ‖ Études sur les — bouddhiques de la civilisation américaine. V, 269 ‖ — des espèces. V, 340 ‖ — des Basques de France et d'Espagne. VII, 67 ‖ — de l'écriture japonaise. VII, 176 ‖ Sur l' — et le caractère des inscriptions cunéiformes anariennes. VII, 233 ‖ — des Américains, suivant Haeckel. VIII, 264 ‖ — de l'alphabet cunéiforme perse. VIII, 310 ‖ De l' — des Chinois et Indo-Chinois. XVIII, 389.

Orthographe. — Singularités de l' — française. XIII, 172 ‖ L'ortografe simplifiée. XIX, 98.

Osorio (Jérôme). — Notice sur —. VIII, 247.

Outre-tombe. — Idées des différents peuples sur l'existence d' —. IX, 68 ‖ Croyances d' — chez les Hébreux. IX, 100.

Ouvrages offerts. V, 50, 157, 188 ; VI, 16, 76 ; VII, 181 ; VIII, 219, 233, 262, 275 ; IX, 55 ; X, 100, 139, 169, 221 ; XI, 28, 56, 84, 115 ; XII, 63 ; XVIII, 270 ; XIX, 47, 64, 135.

Oyampos (Les). X, 208.

P

Pacifique. Iles découvertes dans l'Océan — XI, 223.

Paham. — Le testament du moine —. VIII, 177.

Paix (La) par l'éducation. XV, 227.

Pallary (P.). — Monuments mégalithiques de l'arrondissement de Mascara. XI, 57 ‖ Le Grand Bassam. XV, 141.

Palmier. — L'industrie du — au point de vue ethnographique. XVIII, 262.

Palenqué. — Description du bas-relief de la Croix, dessiné aux ruines de — en 1832. IV, 69 ‖ L'écriture hiératique de —. IV, 241.

Paludéennes. Les fièvres —. XI, 249.

Pampas. — Les Indiens —. VIII, 58 : X, 198.

Papauté. XVII, 7.

Par'œya (Les). V, 35.

Parant (E.). — Les Nattoucottear. XVIII, 66 ‖ Limites ethnographiques des Japonais. XVIII, 274.

Parents. — Respect dû aux — au Cambodge XVIII, 171 ‖ Voy. Mère, Famille.

Pari mutuel. — Les courses de chevaux et le —. XV, 57.

Parieu (E. de). — Sur les Migrations ethniques ou militaires. VII, 167.

Paris. — L'homme prehistorique de —. VII, 145.

Parlement (Le) des religions à Chicago. XVII, 165.

Parsis (Les), d'après un Parsi de Bombay. II, 72 ‖ Les — en Birmanie. XIX, 243.

Papous (Les). VI, 218.

Patagons (Les). X, 198.

Pathologie des Chinois et des Annamites. XI, 44. 69 ‖ — des Japonais. XI, 72 ‖ — des Neo-Calédoniens. XI, 231, 238 ‖ Des zoocosmes dans la — nerveuse des races. XVIII, 369 ; XIX, 42.

Patois (Les) français. XIX, 21 ‖ La conservation des langues et des —. XIX, 41, 89 ‖ Voy. Langue.

Pâtres — Contes des paysans et des — slaves. V, 45.

Patrie. — L'unite de l'espèce humaine et l'idee de — chez les Chinois. XIX, 75.

Pauleus-Sannon (H.). — L'Ethnographie de Haiti. XVIII, 154.

Payaguas (Les). X, 203.

Payen. — Analogie du Christianisme et des cultes payens. VI, 244 ‖ Une clef du symbolisme — demontree par les Divinites qui président aux enfants. XVII, 72, 150, 181 : XVIII, 329, 350.

Paysans. — Contes des — et des pâtres Slaves. V, 45.

Peaux-Rouges. — De l'état présent et futur des —. VIII, 329.

Pécherais (Les). X, 197.

Pector (D.). — Ethnographie de l'Amerique Centrale. XIV, 108.

Peine de mort (La). XIV, 141 ‖ Le — à Madagascar. XV, 153 ‖

Étude ethnographique sur la —. XVII, 197, 278, 288, 306 : XVIII, 4.

Peintures. — Collection de — hiéroglyphiques mexicaines. IV, 387 || Un tableau d'Herculanum. XVI, 138.

Péking. — L'hygiène à —. XII, 145 || Causes de la misère à —, XIII, 230 || La cour de —. XVII, 27.

Perez (José). — Notice sur les qquipos des anciens Péruviens. IV, 54 || Mémoire sur les relations des anciens Américains avec les peuples de l'Europe, de l'Asie et de l'Afrique. IV, 162, 300.

Perfectionnement. — Étude pour le — de la langue française. XVIII, 7.

Perkins. — Antiquités du Michigan. VIII, 162.

Pérou. — Histoire du —. I, 96, 112 || Décoration du temple du Soleil. I, 97 || Religion antique du —. I, 113 || L'antique cité de Choquequerao. IX, 31 || Productions du —. IX, 35 || Le culte du Soleil au —. X, 194 || Voy. Péruviens.

Perse. — Origine de l'alphabet cunéiforme —. VIII, 310.

Personnalité. — Discussion des mots « INDIVIDUALITÉ » et « PERSONNALITÉ ». XVIII, 161.

PÉRUVIENS. — Notice sur les qquipos des anciens —. IV, 54 || Traditions du Déluge chez les —, IV, 315 || Un ancien vase péruvien. VIII, 259 || Moyens de navigation des anciens —. X, 109 || Voy. Pérou.

Petit (l'abbé J.-A.). — Importance et mode de l'organisation religieuse dans l'Antiquité et dans la Société moderne. XVI, 102 : XVII, 6 || Le mysticisme chrétien. XVII, 217 || L'esprit nouveau. XVII, 252 || La Création, d'après le récit mosaïque. XVII, 273 || L'allégorie de l'Éden. XVIII, 35 || Simples notes sur un grave sujet d'exégèse, XVIII, 54.

Petitot (R.-P.). — Voyage au pays des Esquimaux, IX, 30.

Peuples. — Peuplade chauve en Australie. V, 48 || Le monothéisme des — primitifs. VI, 131 || Les — de l'Indo-Chine, notice traduite du chinois. VI, 138 || La langue et le peuple celtes, VII, 11 || Sur le — qui a inventé l'écriture cunéiforme, VII, 172 || Les — orientaux connus des anciens Chinois. IX, S. P. 9 || L'obstétrique chez les — primitifs. XI, 64 || Origine des anciens — de l'Amérique. XI, 263 || Races et —. XV, 108 || La lutte des Civilisations et l'accord des —. XVII,

51 || De la puissance d'absorption du peuple Chinois. XVIII, 180 || De l'écriture chez les — Orientaux. XVIII, 396 || Des inégalités ethniques. XVIII, 417 || Voy. Populations

Peuvrier (Achille). — Ethnographie de l'Amerique du Sud X, 191 || L'ambiantisme en Ethnographie, XIX, 174.

Philippines. — Les aborigènes des —. XIV, 173.

Philiponet (Mlle Bl.). — La jeune fille de l'Extrême-Orient. XVIII, 18.

Philologie — Chinoise. VII, 182 || — Japonaise. VII, 189 || — de la Bretagne, VIII, 327.

Philosophie. — Rapport de la — avec la Physiologie par Claude Bernard. Rapport par Schœbel. IH, 203 || La — de Lao-tse devant la pensee contemporaine. XVI, 29 || Nouveaux essais de critique philosophique. XIV, 279 || L'evolution philosophique au Japon. XVIII, 285 || Des zoocosmes dans la — indienne et dans la pathologie nerveuse, XVIII, 369.

Photographies. — Collection de — de types de races, VI, 154, 169, 178, 225.

Physiologie. — Rapport de la philosophie avec la — par Claude Bernard Rapport par Schœbel. III, 203 || La — et la conscience. X, 45 || De l'alimentation physiologique. XVIII, 194 || Essai de — sociale. XIX, 214

Pied (Le) et la main chez les differentes races. VI, 180 || Déformation des pieds chez la Chinoise. XIII, 200.

Piété filiale. — Les institutions politiques et sociales de la Chine fondées sur la famille et la famille sur la — XIII, 37 : XVIII, 276 || La — au point de vue du Bouddhisme et du Coufucéisme. XIV, 57 || La — au Cambodje, XVIII, 175.

Pierre. — L'âge de — en Chine. V, 225 || L'âge de —. Rapport de M. Jules Oppert. VI, 150 || Le mot « PIERRE » en basque. VII, 240 || Monuments mégalithiques de l'arrondissement de Mascara. XI, 57.

Pietrement. — L'Inde avant le Bouddhisme. XIV, 237.

Pinart (A.). — Les Aléoutes et leurs legendes. VII, 87.

La Plata. — Histoire du bassin de —. IV, 261 || Voy. Argentine (République).

Pnongs. — Ethnographie des —. XVIII, 342 || Voy. Cambodgiens.

Pôle. — Limites de l'habitat humain dans la direction du — Nord. X, 25.

Politique. — De l'état social et — du Mexique, avant l'arrivée des Espagnols. IV, 213 || Applications de l'économie — à l'Ethnographie. VII, 7 || Les institutions politiques et sociales de la Chine fondées sur la famille et la famille sur la piété filiale. XIII, 37 : XVIII, 276 || Histoire des institutions — de l'ancienne France. XIV, 78, 200 || De la condition — et religieuse de la Judée dans les derniers temps de sa nationalité. XIV, 113, 150, 183 || Les institutions morales et politiques des anciens Danois. XIV, 197 || Le Japon — actuel. XVII, 206 || L'évolution — et sociale du Japon contemporain. XVII, 210.

Pologne. — Introduction de l'imprimerie en —. XVII, 44.

Polyandrie (La) ; ses origines communistes. XIII, 252.

Polythéisme des Sémites. VI, 129 || Voy. Dieux, Divinités, Monothéisme.

Pondichéry. — Introduction de l'Imprimerie à — XVII, 193.

Population. — Les populations Danubiennes. VI, 279 || La — de la France. XI, 51 : XIV, 200 : XVI, 41 : XVIII, 100 || Les populations mélanaisiennes. XVII, 39 || Les — noires primitives. XVIII, 177 || Causes de la décroisssance de la — en France, XVIII, 100 || Les signes qui font reconnaître qu'un pays est surpeuplé. XIX, 27 || Voy. Dépopulation, Peuples.

Porto-Seguro. — Historia geral do Brasil. VIII, 242.

Portugal. — Introduction de l'imprimerie au —. XVII, 17 || Une scène de l'Histoire de —. XVII, 66.

Positivistes et Exactivistes, X, 213.

Pou-ni || Voy. Bornéo.

Pouvourville (A. de). — Le Taoïsme contemporain. XVII, 229.

Pragmatique sanction de Bourges. XVII, 12.

Précoces. — De l'infériorité des civilisations —. IX, 86, 87.

Précolombien. — Ethnographie du Pérou — XIX, 266 || Voy. Amérique.

Préhistorique. — L'homme —. V, 373 || Sur l'homme — de de Paris. VII, 145 || Archéologie — VII, 240 || Les grandes migrations préhistoriques en Asie. XVIII, 289 || Migrations touraniennes. — XVIII, 345.

Préjugés. — Superstitions et —. XVI, 68, 85.

Pret (Célestin-Aimé). — L'obstétrique chez les peuples primitifs

(traduit de l'Anglais). XI, 165 || Discours sur Alph Castaing. XII, 297 || Une définition de l'Ethnographie. XII, 89 || Ethnographie des Bulgares. XII, 36, 91, 115 || Rapport annuel : 1888. XIII, 5 || Allocution prononcee à la seance du 7 janvier 1889. XII, 48 || Du juge unique. XIII, 141 || Rapport annuel : 1889 XIV, 14 || Les erreurs judiciaires. XIV, 170 || L'église anglicane. XVI, 51 || Lao-tse et Schilling. XVII, 298 || Le communisme et les institutions sociales des Incas. XIX, 250 || Ethnographie du Perou pre-colombien. XIX, 266.

Prêtres. XVI, 104.

Primitif. — Alimentation primitive de l'Italie et de la Grèce. II, 142 || Le monotheisme des peuples primitifs. VI. 131 || Les populations noires primitives. XVIII, 177 || L'écriture primitive de la Chine. XVIII, 225.

Principes (Les) de l'Ethnographie et les theories de M. Léon de Rosny. XIII, 238.

Prix à décerner. I, 19 : XIX, 275 || Commission des —. Concours de 1867. VI, I : 1868 VI, 50 : 1872 VII, 131 || Voy. Recompenses.

Problème (Un) de linguistique a resoudre. XIII, 147.

Produits de la République Argentine, IV, 325.

PROGNATHE (Race). VI, 214.

Prognathisme. — Étude sur le —. III, 178

Progrès (Le) moral et ses conditions. XVI, 146 || Les — de la Chine depuis 1860. XVII, 236 || La loi du — et époques déterminées. XVIII, 298.

Prononciation du grec. XVIII, 162.

Proportionnalité (La) des Sexes. XVIII, 379.

Propriété. — Des transformations de la —. XIV, 85.

Prostitution (La) dans l'Égypte antique et aux Indes. XV, 228.

Provence. — Miettes de l'histoire de —, usages, coutumes, traditions, souvenirs. XI, 27.

Proverbes — The proverbs and common sayings of the Chinese. XIII, 139 || Proverbes, dictons et adages Cambodgiens. XVIII, 253.

Prusse — Ethnographie de la —. VII, 62 || Introduction de l'imprimerie en —. XVII, 47.

Psychologie ethnographique. XIII, 113 || Science psychique. XIII, 318.

Ptolémée. — Manuscrit de — découvert au Mont Athos, I, 12.

Publications. — Rapport sur les — Orientales en 1859. I, 60 || Rapport sur les — de la Société. VIII, 99 : XIX, 123.

PUELCHES (Les). X, 198.

Pyramides de Téotihuacan, IV, 234.

Q

Qquipos. — Notice sur les — des anciens Péruviens. IV, 55 || Voy. Qquippou.

Quaïqua || Voy. Hottentots.

QUAKERS (Les). XV, 168.

Quaternaire. — Fouilles dans un terrain — à Levallois. VI, 165.

Quatrefages (de). — Unité de l'espèce humaine. III, 119.

Questions proposées pour le Congrès des Orientalistes. VII, 205.

QUICHAS (Les). X, 193 || Voy. Quichua.

Quichua. — Contributions towards a Grammar and Dictionary of —. IV, 63 || Voy. Quichas.

Qquippou. IV, 55, 63 : X, 194 : XVIII, 339.

R

Race. — Les races humaines et la civilisation par le Dr Clavel; Rapport par M. de Charencey. III, 159 || De l'unité de la — américaine. IV, 175 || Classification ethnographique des races humaines. V, 159, 174 || Aptitudes des — et des nations. VI, 85 || Recherches faites et à faire sur l'origine de la — mexicaine indigène. IV, 133 || Ethnographie de la — Hottentote. VI, 155, 234 || Sur la reproduction photographique des types de — VI, 169, 178 || Le pied et la main chez les différentes races. VI, 180 || Habitat des — humaines. VI, 211 || Ethnographie descriptive de la — Noire. VI, 214 || La — qui a inventé l'écriture cunéiforme. VI, 237 || De la méthode ethnographique pour servir d'introduction à l'étude de la — jaune. VII, 41 || Appropriation des races et nécessité de les conserver. VIII, 213 || Transformation des —. VIII, 224 || De l'odeur du corps et de l'odorat comme caractère de —. IX,

109 ‖ Du domaine de la — Jaune. X, 116 ‖ Sur le mélange des races qui a produit la nationalité Russe actuelle. IX, 20 ‖ Ethnographie médicale des peuples de — Jaune. XI, 39, 69, 99, 127, 155 ‖ Les races Noires de l'Afrique. XIII, 116 ‖ Les — et les langues. XIII, 190 ‖ — et peuples. XV, 108 ‖ Le génie des — Tartares. XV, 199 ‖ La modification des types de — en Asie. XVIII, 257 ‖ Les — inférieures de l'Amérique pré-colombienne. XVIII, 284 ‖ Les — primitives de l'Afrique australe et les Boers. XIX, 142 ‖ Étude sur la — Mandchoue et sur sa langue. XIX, 248.

Radicaux. — How to write radicals. XIII, 323.

Rapports entre l'Asie et l'Amérique ancienne. IV, 126 ‖ Le Fou-sang et les — des Chinois et des Américains dans l'antiquité ; Le Li-sao. VI, 171 ‖ Rapport fait à la Société d'Ethnographie sur l'état de la France en 1789. XI, 197.

Rapports annuels. 1864. V, 65 : 1865. V, 353 : 1866-67. VI, 58 : 1868-69. VI, 249 : 1870-72. VII, 134 : 1875. VIII, 99 : 1880-81. X, 15 : 1887. XI, 315 : 1888. XIII. 5 : 1889. XIV, 14 · 1892. XVI, 231 : 1893. XVII, 123 : 1894. XVII, 325 : 1899. XIX, 108 ‖ Commission des Récompenses et Encouragements. 1866-67. VI, I , 1868. VI, 50 ; 1884. X, 37 : 1887. XI, 231 : 1888. XII, 197 : 1889, XIII, 133 : 1890. XIV, 274 ‖ Commission des fonds et contentieux.‖ Voy. Fonds.

Rapport sur la Bibliothèque et le musée. VII, 229.

Ravisi (le baron **Textor de**). Le Fou-sang n'est pas l'Amérique. VIII. 242 ‖ Notice biographique sur Éd. Madier de Montjau. XVIII, 348.

Raynaud (G.). — L'écriture Wei. XIII, 209 ‖ La Polyandrie, ses origines communistes. Adelphogamie, Matriarcat. XIII, 252 ‖ De l'exercice de la souveraineté chez les peuples africains. XIV, 36 ‖ La femme, le mariage, la famille en Australie. XIV, 143 ‖ Les aborigènes des Philippines. XIV, 173 ‖ Le symbole de la Croix. XVIII, 262 ‖ Les races inférieures de l'Amérique précolombienne. XVIII, 284 ‖ La loi du progrès et ses époques déterminees. XVIII, 298 ‖ Ethnographie Mexicaine. XIX, 238.

Rebout. — Fouilles dans un terrain quaternaire à Levallois. VI, 165.

Reboux. — Sur l'homme préhistorique de Paris. VII, 145.

Réception (Séance de) de S. E. Hassan-Ali-Khan, ambassadeur de Perse. I, 20.

Récompenses. || Voy. Rapports annuels. Médailles.

Règlements généraux de la Société. V, 378 : VI, IX.

Relations des anciens Américains avec les peuples de l'Asie. IV, 162, 300 || — des anciens Chinois et des anciens Japonais. IX, S. P. 19.

Religions. — Marche de l'idée religieuse et la philosophie. I, 56 || Religion antique du Pérou. I, 113 || Statistique relative aux religions de la Russie. V, 196 || Sources de renseignements pour l'étude des — de la Chine et du Japon. VI, 244 || Formation provisoire d'une section des — comparées. VI, 243 || La science des — comparées. VI, 244 || Les — de l'Extrême-Orient. XI, 52 || La religion du Nègre. XI, 141, 171 || Les — actuelles, leurs doctrines, leur évolution, leur histoire. XII, 71 || La religion et le transformisme. XII, 116, 164|| La — scientifique. XII, 189 || Comment on crée une —. XII, 189 || De la condition politique et religieuse de la Judée dans les derniers temps de sa nationalité. XIV, 113, 150, 183 || Rapport des idées religieuses et morales avec les principes républicains. XV, 29 || Importance et modes de l'organisation religieuse dans l'antiquité et dans la Société moderne. XVI, 102 : XVII, 6 || La religion Coréenne. XVII, 35 || Discours de M. Réthoré sur les —. XVII, 159, 223 || Le Parlement des — à Chicago. XVII, 165 || Statistique religieuse. XVII, 268 || La religiosité chez le Nègre d'Afrique. XVIII, 20 || Esprit religieux au Cambodje. XVIII, 239 || Les — en Birmanie. XIX, 242.

Rémusat (Abel). — Grammaire Chinoise de —. I, 81.

Renaissance de l'Islamisme. XVI, 124.

Renooz (Mme C.). — Le sexe des Dieux de l'antiquité. XIX, 46.

Reproducteur. — Du système —. VII, 13 || Voy. Génitaux (Organes).

Réserve. — Fonds de —. VII, 110.

Respect de la mère, des parents et des vieillards, des ancêtres, du roi et des Namoeun au Cambodge. XVIII, 171.

Réthoré. — Discours sur les Religions. XVII, 159 || Discours

sur l'idée religieuse. XVII, 223 || Necrologie et obsèques. XVIII, 98.

Rêves (Les) suivant les Talmudistes : VIII, 134 || Des — et de leur explication dans la médecine chinoise. XII, 22.

Révillout (Eug.). — Le testament du moine Paham. VIII, 177.

Révolution. — Le Bouddhisme et la — sociale. XVII, 217.

Richelieu. — La face momifiée du cardinal de Richelieu. VII, 94.

Riches. — Devoir des — au Cambodge. XVIII, 188.

Rig-Veda Americanus. XIV, 81.

Robbe (P.). — L'éducation dans l'histoire. XVI, 109.

Robespierre (M.). — Rapport des idees religieuses et morales avec les principes républicains. XV, 29.

Robiou (F). — Notice biographique sur Emm. de Rouge. VIII, 35.

Rôle des Métis dans la colonisation anglaise du Nord-Ouest americain. IX, 55.

Roller. — Les rêves suivant les Talmudistes. VIII, 134.

Rooryck (D^r.) — L'immunite par les leucomaines. XI, 297.

Rosny (Henry de). — Notice biographique sur —. XVII, 266.

Rosny (Léon **de**). — L'Orient. I, 48 || Don à la Société. I, 81 : III, 110 || L'Amérique. I, 99 || Les Parsis, d'après un Parsi de Bombay. II, 72 || Affinités du Japonais avec certaines langues du Continent asiatique II, 123 || La Tunisie contemporaine. II, 169 || Le fleuve Amoûr. II, 189 || Note sur l'ethnographie du Japon. III, 49 || Origines de la nation Chinoise. III, 139 || La doctrine des Taosse en Chine III, 229 || Yin-tchi-wen. III, 229 || L'écriture hieratique de Palenque. IV, 241 || Classification ethnographique des Races humaines. V, 159, 174 || Études asiatiques. V, 222 || Place de la Linguistique dans les études Ethnographiques. V, 230, 235, 266 || Manuel de la lecture Japonaise. V. 289 || Rapports annuels. 1866-67. VI, 58 : 1868-69. VI, 249 : 1870-72. VII, 134 : 1880-81. X, 15 || Des aptitudes des Nations. VI, 85, 88, 240 || Le Droit ethnographique. VI, 114 et suiv || Les Sémites et le Monothéisme. VI, 129 || Les peuples de l'Indo-Chine, notice traduite du chinois. VI, 138 || L'âge de pierre. VI, 151 || Instruments employés pour les mensurations anthro-

pométriques. VI, 151 || Alphabet international Linguistique. VI, 199 || Éléments d'Ethnographie descriptive. VI, 204 || Sur la race qui a inventé l'écriture Cunéiforme. VI, 238 || La Hongrie et les peuples nomades. VI, 240 || La science des Religions comparées. VI, 246 || De la Méthode ethnographique pour servir d'introduction à l'étude de la race Jaune. VII, 41 || Les peuples de la Corée connus des anciens Chinois. VII, 41 || Les peuples de la Corée connus des anciens Chinois. VII, 99 || Formation d'un fonds de réserve. VII, 110 || Discours d'ouverture de la séance du 8 décembre 1873. VII, 265 || Les populations dites Touraniennes. VIII, 18 et suiv. || Discours d'ouverture de la séance du 7 décembre 1874. VIII, 25 || Crânes dorés de l'Amérique. VIII, 162 || Déchiffrement des textes katouniques. VIII, 236 || Origines des Américains. VIII, 271 || Notation des noms propres Japonais. VIII, 289 || Notice sur Charles de Labarthe. VIII, 359 || Essai sur le déchiffrement de l'Écriture hiératique de l'Amérique Centrale. IX, 48 || Interprétation de l'Écriture hiératique du Yucatan. IX, 75 || Toast porté au Banquet donné à l'occasion du XXe anniversaire de la fondation de la Société. 1859-79. IX, 93 || Les peuples Orientaux connus des anciens Chinois. IX, S. P. 9 || Toast porté à l'occasion de la reconnaissance de la Société comme Établissement d'utilité publique. X, 61 || Une question de Droit ethnographique. X, 80 || Du domaine de la race Jaune. X, 116 || Positivistes et Exactivistes. X, 213 || Statistique ethnographique. XI, 87 || Les Bulgares et leur place dans la classification ethnographique des peuples Européens. XI, 116 || La civilisation en Finlande. XI, 253 || Discours prononcé à la séance générale du 29 décembre 1887. XI, 312 || Le pays des Dix-mille Lacs. XII, 74 || Lao-tse et les origines du Taoïsme. XII, 93 || La Méthode Conscientielle. XII, 106 || La Religion et le Transformisme. XII, 116, 164 || La Langue et l'Écriture universelles. XII, 177 || Comment on crée une Religion. XII, 189 || Des conditions pour devenir ethnographe. XII, 204 || Discours sur A. Castaing. XII, 295 || L'idée d'Égalité chez les sociétés et chez les individus. XIII, 16 || Les institutions politiques et sociales de la Chine fondées sur la Famille, et la famille sur la Piété filiale. XIII, 37 || Psychologie ethnographique. XIII, 113 || Les courses de Taureaux. XIII,

158 ‖ Nasser-Eddine Chah. XIII, 169 ‖ Discours prononcé à l'ouverture de la séance du 7 janvier 1889. XIII, 190 ‖ Une nouvelle évolution des études ethnographiques. XIII, 281 ‖ Les principes de l'Ethnographie et les théories de M. Léon de Rosny. XIII, 238 ‖ Discours sur l'Ethnographie. XIV, 5 ; XVI, 227 ‖ Discours de sortie de présidence. XIV, 30 ‖ La Piété filiale au point de vue du Bouddhisme et du Confucéisme. XIV, 57 ‖ La peine de mort XIV, 141 ‖ La morale du Bouddhisme. XV, 116 ‖ La philosophie du Lao-tse devant la pensée contemporaine. XVI, 29 ‖ La mère du Soleil. XVI, 197 ‖ Discours prononcé à la séance publique annuelle du 4 décembre 1893. XVII, 119 ‖ Le Bouddhisme et la Révolution sociale. XVII, 217 — Discours sur le but de la Société d'Ethnographie. XVII, 242 ‖ Discours sur le Devenir. XVII, 321 ‖ L'édit de Syau-tok Taï-si. XVIII, 65 ‖ De la puissance d'absorption du peuple Chinois. XVIII, 180 ‖ Les institutions sociales de la Chine. XVIII, 276 ‖ L'évolution philosophique au Japon. XVIII, 285 ‖ Les grandes migrations préhistoriques en Asie. XVIII, 289 ‖ Discours sur l'Idéal. XVIII, 326 ‖ De la théorie des Zoocosmes au point de vue de l'Ethnographie. XVIII, 345 : XIX, 44 ‖ Discours prononcé à la séance publique annuelle du 5 décembre 1898. XVIII, 428 ‖ La Famille intellectuelle. XIX, 24 ‖ Des degrés de Civilisation et de la Classification en —. XIX, 51 ‖ Les devoirs des Colonisateurs. XIX, 62 ‖ L'unité de l'espèce humaine et l'idée de Patrie chez les Chinois. XIX, 75 ‖ L'atavisme et l'influence des Milieux. XIX, 167 ‖ Les institutions sociales de la Chine. XIX, 234 ‖ Les Emblèmes ethniques. L'Idée de Drapeau. XIX, 266 ‖ La déclaration des Droits de l'homme dans l'Asie Orientale. XIX, 271.

Rosny (Lucien **de**). — Étude d'Archéologie Américaine comparée. IV, 35 ‖ Lettre de Christophe Colomb, publiée par —. IV, 248 : V, 63 ‖ Le Tabac. IV, 356 ‖ Le Fou-sang et l'Amérique. VI, 173 ‖ Analogie du Christianisme et des cultes payens. VI, 244 ‖ Les caractères de la langue Française au IXᵉ siècle. VI, 315 ‖ Le Talc graphique en Amérique. VI, 354 ‖ Notice biographique sur —. VII, 115.

Rougé (Emm. **de**). — Notice sur le rôle présent et futur de l'Ethnographie. VI, 128 ‖ Notice biographique. VIII, 35.

Roumanie. — Les origines de l'histoire Roumaine. XII, 75 || Le droit public roumain. XV, 148 || Voy. Danubiennes (Les populations).

Route. — Une nouvelle — autour du monde : XVII, 218 || Étude Ethnographique des routes. XVIII, 204.

Roy (Blaise). — De la colonisation dans l'Asie Orientale. XIX, 265.

Royer (Mme Clémence). — Le Droit en Ethnographie. VI, 114 et suiv. || Photographie des types de race. VI, 169 || L'origine américaine des Chinois. VI, 174 et suiv. || Sur les Migrations ethniques ou militaires. VII, 168 || Origine des Américains. VII, 270 || La question du métissage. X, 49.

Rozier (Dr J.). — Discussion des mots « individualité » et « personnalité ». XVIII, 161.

Rue Alphonse Castaing. XVII, 285 || Voy. Routes.

Russie. — Rapport sur la carte ethnographique de —. III, 117 || Statistique relative aux Religions de la —. V, 196 || Dolmens découverts en — méridionale. XI, 13 || Mélange des races qui a produit la nationalité Russe actuelle. XI, 20 || De la toxicologie en —. XI, 307 || Introduction de l'imprimerie en —. XVII, 41 || Rôle civilisateur de la —. XVIII, 203 || Voy. Slave.

S

Sabir (C. de). — Le Fleuve Amour. Histoire, Géographie, Ethnographie. II, 189.

Sacrés. — Les noms — Kichés. XV, 79.

Sacrifices humains au Mexique. I, III.

Sagas. || Voy. Islande.

Samoa. Les indigènes des îles —. XVII, 80.

Saint-Bris (Th. de). — Discovery of the Origin of the name of America. XIV, 81.

Saint-Étienne. — Congrès provincial des Orientalistes. Session de —. VIII, 123.

Saint-Georges d'Armstrong (Th.). — De l'Arbitrage. XVI, 169 || Les Systèmes confédératifs. XVIII, 386, 409, 419.

Saint-Simonisme. — Sur le —. XI. 78.

San-tsaï-tou-hoeï. VIII, 138 : IX, S. P. 9.

Sanscrit. — Grammaire sanskrite de M. Jules Oppert. I, 72

|| Mots Norvégiens comparés au —. II, 116 || Mots Américains comparés au —. IV, 308 || Étude du —. VII, 222 || Les études Sanscrites en 1888. XIII, 29.

Sarazin (François). — Rapport sur les comptes de l'exercice 1867. VI, 55.

Sartiges (Le comto de). — L'Éléphant était-il connu des anciens Américains ? IV, 57 || Allocution prononcée dans la séance du 11 mars 1878. IX, 7 || L'antique cité de Choquequerao, au Pérou. IX, 31

Santa-Maria (l'abbé). — La tradition vivante des Nègres. III, 62.

Sceau de la Société. I, 13, 14, 18, 74

Sceaux et autres antiquités Mexicaines. VI, 348.

Schilling. — Lao-tse et —. XVII, 298.

Schliemann (Henry). — Agriculture de la Hongrie VI, 240).

Schmidt. — Don à la Societe. III, 115.

Schnitzler || Voy. Émin-Bey.

Schwab (Mme L.). — Le Parlement des religions a Chicago. XVII, 165.

Schwab (Moise). — Limo lo Pahalaa. VI, 105.

Schœbel (Ch.). — Littérature dramatique de l'Inde : son antiquité. I, 152 || Les noms propres Assyriens. II, 62 || Le Bhagavat-Gita. II, 87 || Étude sur le verbe « être », II, 106 || Mots Norvégiens compares au Sanscrit. II, 116 || Étude sur les Rapports de la Philosophie avec la Physiologie, de Claude Bernard. III, 203 || Rapport sur une Relation des choses du Yucatan, de Diégo de Landa, par l'abbé de Bourbourg. III, 249 || Don à la Société d'Ethnographie. III, 136, 137 || Les populations Danubiennes. VI, 279 || L'Atome et sa fonction dans les doctrines indiennes. VIII, 13 || Les populations dites « Touraniennes ». VIII, 18 || Les Troglodytes. VIII, 53 || La Faune américaine. VIII, 161 || La plus ancienne carte générale d'Amérique. VIII, 215 || La transformation des Races. VIII, 224 || La néphrite et le Fou-sang. VIII, 274 || Le Bouddhisme et son fondateur. VIII, 303 || L'âme humaine au point de vue de la science ethnographique. IX, 9 || L'inscription de Benton-Rock. IX, 46 || Claude Bernard et son principe du Criterium expérimental. IX, 63 || Toast porté au Banquet donné à l'occasion du XXe anniversaire de la

fondation de la Société. 1859-1879. IX, 96 || Nécrologie. XII, 293 || Notice sur —. XIII, 11.

Science (La) des Religions comparées. VI, 244 || Congrès des Sciences Ethnographiques. XIII, 197, 304 || La vraie —. XVII, 300.

Scientifique. — Rapport sur la formation d'une Commission — américaine. IV, 111 || Exposition des voyages scientifiques dans l'Extrême-Orient. XVII, 107.

Sécheresse (La). XVII, 111.

Sections. — Discours d'ouverture de la séance générale de la Section Orientale. I, 41 || Discours d'ouverture de la séance générale de la Section Américaine, par Jomard. I, 90.

Semallé (R. de). — Du Métissage. VIII, 191, 221 || De l'état présent et futur des Peaux-Rouges. VIII, 329 || Les restes de Christophe Colomb. IX, 30.

Sémites (Les) et le Monothéisme. VI, 127 || Voy. Sémitiques.

Sémitiques. — Rapport sur les études —. I, 60 : VII, 217 || Ethnographie sémitique. XIV, 113, 150, 183.

Serpents (Des) venimeux de l'Inde et des Jongleurs. XII, 277.

Serre (Paul). — Ethnographie Californienne, XIX, 250.

Servage. — Transformations successives et disparition du —. XIV, 285.

Sevastianoff (Pierre de). — Un manuscrit grec du Mont Athos. I, 12.

Severini (A.). — L'écriture en ficelles. XVIII, 339 (Voy. Qquipos) || Le dualisme dans l'écriture chinoise. XIX, 26.

Sexes. — La proportionnalité des —. XVIII, 379 || Le sexe des Dieux de l'Antiquité. XIX, 46.

Sexuels. — Les organes — chez l'homme. III, 96 || Voy. Génitaux (organes).

Shites (Les) en Birmanie. XIX, 243.

Siam. — Notice chinoise sur le —. VI, 140 || Le — et le Voyage du Docteur Bastian. VIII, 311 || Le — connu des anciens Chinois. IX, S. P. 54 || Les éléphants blancs du —. XVIII. 15.

Sibérie. — Ethnographie de la —. XIV, 283.

Sien-lo || Voy. Siam.

Sihr-ul-bayan, V, 57.

Silbermann (J.). — Place de la Linguistique dans les études

ethnographiques. V, 265 ‖ Ethnographie de l'Allemagne. V, 278 ‖ Des Aptitudes des nations. VI, 88, 89, 239 ‖ Le droit ethnographique. VI, 113 et suiv. ‖ L'âge de pierre. VI, 151 ‖ La couleur des yeux. VI, 168 ‖ Photographie des types de race. VI, 169 et suiv. ‖ Le Fou-sang et l'Amérique VI, 176 ‖ La Hongrie et les peuples nomades. VI, 239 et suiv ‖ Théorie de l'orientation en Ethnographie. VIII, 108 ‖ Appropriation des races et nécessité de les conserver. VIII, 213 ‖ Sur la consommation de la viande. X, 77.

Silvestre (Le commandant). — L'Ethnographie du Tonkin, XIV, 257.

Siméon (Rémi). — Origine des anciens peuples civilisés du Mexique et de l'Amérique Centrale. XI, 263.

Simonin (A.). — Science psychique. XIII, 318 ‖ La dépopulation de la France. XVI, 41 ‖ Exposition des voyages scientifiques dans l'Extrême-Orient. XVII, 107.

Sin-lo ‖ Voy. Corée.

Sinologie. — Discours de D. Marceron sur les progrès de la —. XVII, 255.

Sinra ‖ Voy. Corée.

Sintauïsme (Le) contemporain. XIX. 228.

Siraki ‖ Voy. Corée.

Slaves. — Contes des paysans et des pâtres —. V, 45 ‖ Le mot « Héritage » chez les —. VII, 93 ‖ Le monde —. X, 173 ‖ Voy. Russie.

Smith (A.-H.). — The proverbs and common sayings of the Chinese. XIII, 139.

Smith (J.). — Notice sur la langue Tarasca. IV, 181.

Sociales. — Les institutions politiques et — de la Chine fondées sur la famille et la famille sur la Piété filiale. XIII, 37 ; XVIII, 276 ‖ L'évolution politique et sociale du Japon contemporain. XVII, 210 ‖ De l'état social et politique du Mexique, avant l'arrivée des Espagnols. IV, 213 ‖ Essai de physiologie sociale. XIX, 214 ‖ Les institutions — de la Chine. XIX, 234 ‖ La lutte des classes —. XIX, 245 ‖ Le communisme et les institutions — des Incas. XIX, 250.

Société d'Ethnographie. — Statuts. I. 2. ‖ Rapport sur les collections de la —. V, 190 ‖ Collection ethnographique photographiée et publiée par la —. VI, 154 ‖ La —

d'Ethnographie de Paris. Rapport au Congrès des Orientalistes. VIII, 40 || Institution Ethnographique. Son but. VIII, 203 || — Américaine. Publications. VIII, 272 || Voy. Annuaires, Fonds, Ouvrages offerts, Publications, Rapports annuels, Réglements.

Sociétés. — Idée d'égalité chez les — et chez les individus. XIII, 16 || Longévité comparée des — humaines. XVIII, 233.

Soleil. — Décoration du temple du — au Pérou. I, 97 || Le Culte du — au Pérou. X, 194 : XIX, 266 || La mère du —. XVI, 197.

Solidarité. — L'indifférentisme et la — XIX, 253.

Soliman-al-Harairi. III, 136, 137.

Sonoriennes. — Grammaire des langues —. IV, 250.

Soudan français. — Avantage ethnographique d'une communication facile et sûre entre l'Algérie et le — XV, 128.

Soui. — L'Indo-Chine à l'époque des —. IX, Sp. 100.

Soutaïevtsky (Les). XVIII, 260.

Souvenirs de Provence. XI, 27.

Souveraineté. — De l'exercice de la — chez les peuples Africains. XIV, 36.

Spermatine (La). XVIII, 372.

Stanley et ses explorations en Afrique. XIII, 85.

Statistique relative aux Religions de la Russie. V, 196 || Le nombre des êtres humains. VII, 92 || — ethnographique. XI, 87 || —. d'émigration aux États-Unis. XI, 278 || — des religions en Birmanie, XIX, 242.

Statuts de la Société. I, 2 : XIX, 6.

Statuts du Congrès des Orientalistes. VII, 153.

Suède. — Introduction de l'imprimerie en —. XVII, 21 || La frontière Finno-Suédoise. XVIII, 324.

Suisse. — Introduction de l'imprimerie en —. XVIII, 19.

Sumatra connu des anciens Chinois. IX, S P. 35.

Sumérienne. — Origine de l'écriture —. VIII, 174, 176 || Discussion du mot « Sumérien ». VII, 230.

Superstitions chez les Nègres. XI, 141, 171. || — et préjugés. XII, 140 : XVI, 68, 85.

Syau-tok Taï-si. — Édit de —, XVIII, 65.

Sylvain (B.). — Discours en faveur des Nègres. XVII, 246 ||

Ethnographie de l'Abyssinie. XVIII, 261, 321 ‖ La religiosité chez le Nègre d'Afrique. XVIII, 20.

Symboles mythologiques de l'antiquité. XVII, 232 ‖ Le Symbole de la Croix. XVIII, 262 ‖ Voy. Symbolisme.

Symbolisme. — Une clef du — payen demontrée par les Divinités qui président aux enfants. XVII, 72, 150, 181 ; XVIII, 329, 350.

Synthèse. — L'évolution vers la —. XV, 85.

Systèmes confédératifs. XVIII, 383, 386, 409, 419.

T

Tabac (Le) et ses accessoires parmi les indigenes de l'Amérique. IV, 356 ‖ Le — en Indo-Chine VIII, 151.

Tableau (Un) d'Herculanum. XVI, 138.

TACANAS (Les). ‖ Voy. Artis.

Talc graphique (Le) en Amérique. VI, 351.

Talmudistes — Les rêves suivant les —. VIII, 134.

Tang. — L'Indo-Chine à l'époque des —. IX, Sp. 100.

TANGOUTES. — Ethnographie des —. XVIII, 338.

Tao. XVIII, 385.

Taoïsme. — Lao-tse et les origines du —. XII, 93 : XVI, 5 ‖ Le — contemporain. XVII, 229 ‖ Le — de Lao-tse et le — des Taosseistes. XVIII, 249.

Taoïste. — Légende chinoise —. XIX, 243.

Taosseisme. XIX, 243.

Taosseistes. ‖ Voy. Taoisme.

Tao-teh king. XII, 100.

TAPUYAS (Les) X, 206, 208.

TARAHUMURA (Idiome). IV, 250.

TARASCA. — Notice sur la langue —. IV, 181.

TARTARES. — Études —. VII, 212 ‖ Le génie des Races —. XV, 199.

Tasset (J.). — Le Nirvâna bouddhique. XV, 25 — Les courses de chevaux et le pari mutuel. XV, 57 ‖ L'évolution vers la synthèse. XV, 85 ‖ La doctrine du Tchoung. XVIII, 339.

Tassy (Garcin de). ‖ Voy. Garcin de Tassy.

Taureaux. — Les courses de —. XIII, 158.

Tayac (Gaston de). — La Commission scientifique du

Mexique. IV, 195, 256 || La Science des Religions comparées. VI, 245.

Tchen-tching || Voy. *Cochinchine.*

Tcheou. — L'Indo-Chine à l'époque des —. IX, Sp. 92.

Tchin-lah. IX, Sp. 48 || Voy. *Cambodge.*

Tchih-tou. IX, Sp. 58 || Voy. *Siam.*

Tchoung. — La doctrine du —. XVIII, 339.

Tehuelches (Les). || Voy. Patagons.

Tekeenica (Les). X, 197.

Télégraphe trans-asiatique. V, 287.

Temple. — Décoration du — du Soleil au Pérou. I, 97 || Un — Khmer voué au Nirvâna. VIII, 400 || Le — de Gaya. XVII, 36.

Tentewi. — La Société secrète des —. XII, 285.

Tepeguana (Idiome). IV, 250.

Téotihuacan. — Les pyramides de —. IV, 235.

Terre (La) et l'Homme. I, 40.

Testament (Le) du moine Paham. VIII, 181.

Texier (Charles). — Discours d'ouverture. V, 181.

Textes. — Déchiffrement des — katouniques. VIII, 236 || Déchiffrement des — hiératiques mayas. XII, 289.

Thé (Le) en Indo-Chine. VIII, 151.

Théories. — Les principes de l'Ethnographie et les — de M. Léon de Rosny. XIII, 238.

Thérapeutique des aborigènes de l'Australie. XI, 37 || La — dans l'Avesta. XI, 207.

Thomas (Albert). — Les lutteurs au Japon. XIX, 22 || L'enseignement dans lés écoles au Japon. XIX, 47 || La Société de la Croix-Rouge au Japon. XIX, 49.

Tlemcen. — Histoire de —. I, 32.

Tobas (Les). X, 199.

Tobatingas || Voy. Guaranis.

Toltèques (Les). I, 110 ; XI, 265.

Tongkin. — L'Ethnographie du —. XIV, 257.

Tons. — Du rôle des — dans la langue Chinoise. XIII, 92.

Topas || Voy. Guaranis.

Torrès Caïcedo. — Nécrologie, XIII, 276.

Toupis (Les). X, 206.

Tou-po. || Voy. Java.

Touraniennes. — Les populations dites « Touraniennes ». VIII, 18 ‖ Migrations — préhistoriques. XVIII, 345.

Tou-ti-kong. — Le dieu — XIV, 72.

Tou-ti-po. — La déesse —. XIV, 72.

Towianski. — La secte de —. VII, 85.

Toxicologie (De la) en Allemagne et en Russie. XI, 307.

Traditions. — La tradition vivante des Nègres. III, 62 ‖ Le Déluge, d'après les — indiennes de l'Amerique du Nord. IV, 88, 310 ‖ — de Provence. XI, 27.

Traduction d'un cylindre Babylonien. II, 5.

Transformation (La) des Races. VIII, 224.

Transformisme. La Religion et le —. XII, 146, 164 ‖ Le — XVII, 56.

Transfusion. L'avenir de la —. XII, 242.

Troglodytes (Les). VIII, 53.

Tropique. ‖ Voy. Intertropical.

Tsaï-li-hoei (Le). XVIII, 66.

Tsin. L'Indo-Chine à l'époque des —. IX, Sp. 94, 98.

Tuberculose (La). XVIII, 163.

Tud et Lud. X, 183.

Tugault (A.). — La société secrète des Tentewi. XIII, 285.

Tumulus. — Fouilles aux — de Mixco. VII, 160.

Tunisie contemporaine (La). II, 169.

Tupinambas. (Les). X, 206.

Turkomans. — Les yeux des —. VI, 168.

Turquie. VI, 279 ‖ Introduction de l'imprimerie en —. XVII, 45.

Tyane. ‖ Voy. Apollonius de Tyane.

Types. — Photographie des types de race. VI, 169, 178 ‖ La modification des — de race en Asie. XVIII, 257.

U

Ubicini. — Les origines de l'histoire Roumaine. XII, 75.

Ujfalvy. — L'Inde avant le Bouddhisme. XIV, 236.

Unitairiens (Les) en Angleterre. XV, 14.

Unité (De l') de l'espèce humaine, par M. de Quatrefages. Rapport de M. A. Bonté. III, 119.

Universalité (De l') de l'écriture dans l'Amérique ancienne. VIII, 235.

Uréchia. La rivière — XI, 274.

Usages de Provence. XI, 27.

Utilité publique. Reconnaissance de la Société d'Ethnographie comme Établissement d' —. X, 5 ‖ De l' — que l'on peut retirer de l'erreur. XII, 182.

Uxmal. IV, 245.

V

Vache. Le culte de la —. XVIII, 15.

Valachie (La). VI, 279.

Varat (Ch.). — Notice sur —. XVII, 71.

Vase. Un ancien — péruvien. VIII, 259.

Vattemare (Alexandre). — Agence centrale des échanges internationaux. I, 14.

Végétarisme. — Des avantages du — au point de vue matériel et intellectuel. XV, 202 : XVII, 141, 175.

Vénézuela. — Travaux du colonel Codazzi sur le — et la Nouvelle-Grenade, I, 16.

Venin. ‖ Voy. Serpents.

Vénus Hottentote. VI, 159.

Verrier (Dr E.). — Ethnographie, nature, histoire et géographie de la Lèpre. XI, 5 ‖ Ethnographie médicale des peuples de race Jaune. XI, 39, 69, 99. 127, 155 ‖ La religion du Nègre. XI, 141, 171 ‖ L'hygiène à Madagascar. XI, 184 ‖ Anthropologie, Ethnographie et Pathologie des Néo-Calédoniens. Avenir du métissage dans la colonie. XI, 231 ‖ Des rêves et de leur explication dans la médecine Chinoise. XII, 22 ‖ Anthropologie des Bulgares. XII, 37 ‖ Quelques notions ethnogéniques et ethnographiques sur les Indiens de l'Amérique. XII, 102 ‖ L'hygiène publique en Chine et particulièrement à Peking. XII, 145 ‖ La langue Aïno, XII, 167 ‖ Discours prononcé à la séance de fondation de la Société Africaine de France, le 27 juin 1888 XII, 213 ‖ Généralilés sur l'Afrique. XII, 219 ‖ Des serpents vénimeux de l'Inde et des Jongleurs. XII, 277 ‖ Discours prononcé aux obsèques d'Alphonse Castaing XII, 300 ‖ Coup-d'œil sur l'Ethnographie de la France. XIII, 62, 99 ‖ Les races Noires de l'Afrique. XIII, 116 ‖ Déformation des pieds chez la Chinoise. XIII, 200 ‖ Notice historique sur J.-C. Geslin. XIII,

245 || Évolution du Langage. XIII, 300 || Des avantages que les sciences ethnographiques peuvent retirer de la Morphologie cranienne. XIV, 20, 50 || Transformations de la Propriété. XIV, 85 || La population de la France. XIV, 200 || Transformations successives et disparition du servage. XIV, 285 || Le bacille de Kock ; son influence sur la tuberculose. XVIII, 162 || De l'Alimentation physiologique. XVIII, 194 || Influence de l'alcool sur la dépopulation. XVIII, 227 || Les aptitudes de la femme et sa crâniologie. XVIII, 242 || L'industrie du palmier au point de vue ethnographique. XVIII, 262 || La Législation nouvelle du Japon. XVIII, 279 Ethnogénie de l'Asie Orientale. XVIII, 345 || Des zoocosmes dans la philosophie indienne et dans la pathologie nerveuse. XVIII, 369 || De l'origine des Chinois et des Indo-Chinois. XVIII, 389 || Des zoocosmes dans la pathologie nerveuse des races. XIX, 42 || La colonisation par la réforme de l'éducation. XIX, 55 || Les races primitives de l'Afrique Australe et les Boers. XIX, 142 || Le Homestead. XIX, 180 || L'indifférentisme et la solidarité. XIX, 253.

Vêtements des Néo-Calédoniens. XI. 232.

Viande. Sur la consommation de la — pour la nourriture de l'homme. X, 77.

Victor-Henry. — La Filiation et l'idée de Famille, XIX, 25.

Vieillards. Respect dû aux — au Cambodge. XVIII, 171.

Villemereuil (Le commandant baron **de**).— Le monument de Doudart de Lagrée et ses travaux ethnographiques. XV, 217.

Vinson (J.). — Ethnographie Dravidienne. V, 45 || Le mot « pierre » en Basque. VII, 240 || Notice historique sur Guerin Meneville. VIII, 93 || Les Religions actuelles, leurs doctrines, leur évolution, leur histoire. XII, 71.

Vissière (A.). — Une langue qui s'éteint. XIX, 86.

Vivien de Saint-Martin. — Rapport sur son livre intitulé « l'Année géographique » VI, 18.

Vlangali-Handjeri (Le prince). — Don à la Société. I, 81.

Voyages — Exposition des — scientifiques dans l Extrême-Orient. XVII, 107.

W

Waldeck (F. **de**). — Description du bas-relief de la Croix, dessiné aux ruines de Palenqué en 1832. IV, 69 || Les Pyramides de Téotihuacan. IV, 235 || La Commission du Mexique. IV, 256.

Weï. — L'écriture —. XIII, 209.

Weil (D.). — Aptitudes colonisatrices des Français. XI, 292.

Wilson (H.-H.). — Notice nécrologique sur —. I, 154.

Wo-koueh || Voy. Japon.

Wolofs (Les). VI, 247.

Y

Yacana (Les). X, 197.

Yahganes (Les). X, 197.

Yamato || Voy. Japon.

Yang. XIX, 26.

Yeux artificiels. VI, 166 || La couleur des —. VI, 168 || Maladie des — en Chine. XI, 50.

Yin. XIX, 26.

Yin-tchi-wen, traduit par Léon de Rosny. III, 229.

Youferow. (Wl. **de**). — Le monde Slave. X, 173 || Nouvelles découvertes de Dolmens dans la Russie méridionale. XI, 13 || Sur le mélange de races qui a produit la nationalité Russe actuelle. XI, 20 || Le rôle civilisateur de la Russie. XVIII, 203.

Yucatan. — Choses du —, de Diégo de Landa par l'abbé Brasseur de Bourbourg. Rapport par Schoebel. III, 249 || Interprétation de l'écriture hiératique du —. IX, 51.

Yuracarès (Les) || Voy. Antis.

Z

Zélinski (Louis **de**). — Les populations dites « touraniennes ». VIII, 24 || La secte de Tourianski. VII, 85 || Le mot « héritage » chez les Slaves. VII, 93.

Zoocosmes. La théorie des —. XVIII, 345 ; XIX, 44 || Des — dans la philosophie indienne et dans la pathologie nerveuse. XVIII, 369 ; XIX, 42 ||

Zoologie. — De l'espèce et de la classification en —. VII, 31 || Voy. Animaux.

ACTES & BULLETIN DE LA SOCIÉTÉ D'ETHNOGRAPHIE

Tomes I à XX — 1859-1900

INDEX DES PLANCHES ET FIGURES

Tome I

Pages

Planche I. — Alphabet unitaire linguistique (Du-
fiche-Desgenettes).................................. 47
— II-VII. — Cartes historico-ethnographiques
de la Tunisie..................................... 169

Tome III

Planche VIII. — Notation musicale des langues to-
niques.. 36
Planche IX. — Spécimen d'une lettre japonaise
(fac-similé)...................................... 52
Planche X. — Japonais portant le pantalon de céré-
monie.. 57
Planche XI. — Monorchidie......................... 100
— XII. — Anorchidie......................... 100
— XIII. — Signes orientaux (origines de la
nation Chinoise).................................. 154
Planche XIV. — Jomard (portrait).................. 177
— XV. — Calendrier hiéroglyphique des an-
ciens Mayas...................................... 252

Figures 1, 2, 3, 4. — Prognathisme............... 192-193

—   5. — Rose ethnographique des Vents...... 199

Tome IV

Planche XVI. — Fac-similé d'un ancien qquipou Péruvien.................................... 56

Planche XVII. — Bas-relief du Temple de la Croix à Palenqué...................................... 69

Planche XVIII. — Carte des découvertes des Scandinaves en Amérique............................ 165

Planche XIX. — Alphabet hiératique de l'Amérique Centrale...................................... 244

Planche XX. — Cartes de l'empire des Incas au XVIᵉ siècle...................................... 278

Planche XXI-XXII-XXIII. — Peintures Mexicaines de la Collection de Mendoza.................... 396

Fig. 6. — Inscription de Grave-Creek............ 173

— 7, 8, 9. — Déchiffrement de l'écriture katounique.. 244

Fig. 10. — Palais du Gouverneur, à Uxmal (Amérique Centrale)................................ 246

Fig. 11. — Signes cycliques Mexicains........... 302

— 12. — Caractères sacrés des Indiens Peaux-Rouges.. 355

Tome VII

Planche XXXI. — Carte linguistique de l'Asie...... 36

—   XXXII. — Signes orientaux (Les peuples de la Corée).................................... 106

Planche XXXIV. — Lucien de Rosny (portrait)..... 118

Fig. 13. — Tête momifiée du cardinal de Richelieu. 96

— 14. — Système d'évaluation territoriale chez les Chinois...................................... 108

Fig. 15. — Fouilles d'archéologie préhistorique à Levallois...................................... 148

Fig. 16. — Fouilles au tumulus de Mixco (Guatémala). 160-161

Planche XXXV. — Carte des Délégations de l'Institution Ethnographique en France................ 208

Planche XXXVI. — Habitant du Fou-sang......... 240
 — XXXVII. — Alphabet et Manuscrit Boughis. 297
 — XXXVIII. — Charles de Labarthe (portrait). 366
Fig. 17. — La plus ancienne carte de l'Amerique... 218

Tome IX

Planche XXXIX. — Carte de Choquequerao......... 32
 — XL. — Forteresse de Cuzco............. 38
Planche XLI. — Inscription de Benton-Rock....... 47
 — XLII. — Carte linguistique de l'Inde Cis-
gangétique................................... 72
Planche XLIII. — Signes chinois (A)......... App. 40
 — XLIV. — Signes chinois (B)............. 78
 — XLV. — Carte ethnographique de l'Indo-
Chine.. 88
Planche XLVI. — Carte de l'Archipel Indien connu
des Chinois.................................. 90
Planche XLVII. — Carte de l'Indo-Chine, à l'époque
des Tcheou 92
Planche XLVIII. — Carte de l'Indo-Chine, à l'époque
des Tsin.................................... 94
Planche XLIX. — Carte de l'Indo-Chine, à l'époque
des Han.................................... 96
Planche L. — Carte de l'Indo-Chine, a l'époque des
Tsin................................... 98
Planche LI. — Carte de l'Indo-Chine, a l'époque des
Soui et des Tang........................... 100

Tome XI (*Bulletin*, t. I)

Planche LII. — Distribution géographique de la
Lèpre.................................. 12
Fig. 18-19-20. — Dolmens russes................. 14-16
 — 21. — Aborigène glabre de l'Australie........ 35
 — 22. — Accouchement chinois................. 49
 — 23. — Joseph Lemercier (portrait)........... 55
 — 24-28. — Tumuli Algériens. 66-68
 — 29. — Émin-Bey (portrait)................. 138

Fig. 30. — Lucine des Latins...................... 145
— 31. — Lieu d'élection.................. 156
— 32-33. — Accouchements variés............. 174-175
— 35. — Élias Lœnnrott (portrait).............. 258
— 36. — Alexandre Castrèn (portrait)........ 261

Tome XIII

Fig. 37-39. — Pieds chinois...................... 205-206

Tome XVI

Fig. 40. — Isidor, grand rabbin de France (portrait). 28
— 41. — F.-G. Eichhoff (portrait).............. 136

Tome XVIII

Planche LIII. — Célestin Lagache, sénateur (portrait)... 130

R.F.

NOTICES BIOGRAPHIQUES

SUR LES

PRINCIPAUX ETHNOGRAPHES FRANÇAIS ET ÉTRANGERS

(1859-1900)

FONDATEURS DE LA SOCIÉTÉ D'ETHNOGRAPHIE

1859

† A. Aubin.

† V.-A. Malte-Brun.

† Albert Maury, de l'Institut.

Léon de Rosny.

† Brasseur de Bourbourg (l'abbé).

Jules Oppert, de l'Institut.

† Léon Rodet, de la Société Asiatique.

† A. Bonnetty.

† Ernest Renan, de l'Institut.

† Charles de Labarthe.

† Rudolph Lindau, consul.

† Eugène Cortambert, de la Bibliothèque Nationale.

Eugène Beauvois.

† Nicolas Trübner, éditeur.

Le prince Handjéri.

† Alexandre Chodzko, professeur au Collège de France.

†-Alexandre Bonneau, publiciste.

Ali-Naghi, secrétaire d'ambassade.

† Le baron Paul de Bourcoing, sénateur, ancien ambassadeur.

Hyacinthe de Charencey.

† G. Pauthier, professeur à l'École spéciale des Langues orientales.

† Ph.-Éd. Foucaux, professeur au Collège de France.

† F. G. Eichhoff, de l'Institut.

† Garcin de Tassy, de l'Institut.

† Le Dr Tholosan.

Le marquis Melchior de Vogüé, de l'Institut.

† Soliman-al-Haraïri, répétiteur à l'École des Langues Orientales.

† François Lenormant, de l'Institut.

† Joachim Ménant, de l'Institut.

† Kühlke, professeur.

† Bianchi, ancien interprète du gouvernement.

† Ferdinand Denis, de la Bibliothèque Mazarine.

† Stanislas Julien, de l'Institut.

† Jomard, de l'Institut.

† Ch. Texier, de l'Institut.

Barbier de Meynard, de l'Institut.

† Brunet de Presle, de l'Institut.

† Charles Lenormant, de l'Institut.

† Adrien de Longpérier, de l'Institut.

† De Pongerville, de l'Acamie Française.

† Ad. Régnier, de l'Institut.

† Charles Schœbel, professeur.

Le signe † indique les membres Fondateurs décédés.

NOTICES BIOGRAPHIQUES

SUR LES

PRINCIPAUX ETHNOGRAPHES

FRANÇAIS ET ÉTRANGERS

1859-1900

Les notices qui suivent sont en grande partie consacrées aux membres de la Societé d'Ethnographie dont les travaux ont été publiés dans ses divers recueils et ont contribué à établir les bases nouvelles sur lesquelles reposent aujourd'hui les sciences ethnographiques.

Un certain nombre de nos collègues ayant été déjà l'objet de notices biographiques insérees dans les publications de la Société, on n'a pas cru opportun de les faire figurer de nouveau dans le présent volume, sauf quelques cas ou des renseignements complémentaires ont eté jugés utiles à enregistrer. Leur nom, leur date de naissance et le lieu où figure leur notice y seront néanmoins reproduits, afin d'abreger les recherches.

Il a en outre été décidé, vu les retards éventuels que peut causer la rédaction de ces articles, qu'ils ne paraîtraient pas dans leur ordre alphabétique, mais qu'un Index placé à la fin du volume réparerait l'inconvénient de leur insertion suivant l'ordre de leur arrivée au secrétariat.

MEMBRES FONDATEURS (1859)

Aubin (Marius-Alexis) né à Tourettes-les-Faïences, arrondissement de Draguignan, Var, le 18 juillet 1802 ; † à Callian, Var, le 7 juillet 1891 ; il se prétendait neveu de Sieyès. Arrivé à Paris en 1812, il montra d'heureuses dispositions pour l'étude, spécialement en ce qui etait relatif au dessin et aux

mathématiques. Ces dispositions étaient même si remarquables qu'il fut nommé répétiteur à l'École de dessin et de mathématiques en 1875. Il occupa ce poste pendant trois ans, jusqu'en 1878. Sorti de l'École normale en 1822, il entra l'année suivante au Lycée de Sens, puis passa au Lycée d'Auxerre en 1825. Après y être resté pendant un an, il fut rappelé à Paris, où on lui confia la direction de la section des sciences à l'École Normale Supérieure. Il occupa ce poste jusqu'en 1830. A cette époque, il joua un rôle actif dans l'insurrection et combattit aux côtés de Littré. Le gouvernement de juillet, sous les auspices de Thénard et d'Arago, chargea Aubin d'une mission ayant pour but de faire des études physiques et astronomiques au Mexique. Aubin partit de France au mois d'octobre 1830 et il s'embarqua à Falmouth, sur le navire de guerre anglais *Tyrian*, qui relâcha à Saint-Domingue, la Jamaïque, Belize et la Vera-Cruz, où Aubin prit terre pour s'acquitter de sa mission Il fut surpris, sitôt son débarquement, de la quantité considérable de monuments archéologiques qui se trouvaient disséminés sur la terre mexicaine et qui excitèrent vivement sa curiosité. Des circonstances malheureuses l'ayant privé de ses instruments d'observation, il pensa alors à étudier sérieusement les vestiges du passé qui l'entouraient. Ses études portèrent surtout sur les manuscrits provenant de la collection du savant mexicain Gama et qui formèrent le noyau de la grande collection qu'Aubin réunit plus tard. Notre compatriote trouva un ferme appui à ses recherches en la personne du général mexicain Don Jose Moran, marquis de Bibanco, qui lui offrit de s'établir chez lui. Malheureusement Aubin fut privé de cette protection, par suite d'une révolution ; le général Moran dut quitter le Mexique et se réfugier en Europe. Mais Aubin était homme de ressource ; il tenta de créer à Mexico une institution à l'instar des lycées français ; grâce à de puissantes protections et à la sympathie générale que l'on avait pour lui, il réussit parfaitement dans cette entreprise délicate et son établissement progressa rapidement. Cependant il continuait avec ardeur ses études relatives à la langue et à l'histoire des anciens peuples du Mexique, augmentant ses collections à l'occasion. Mais le Mexique se trouvait alors en proie aux *pronuncia-*

mientos et bientôt la guerre internationale vint s'y joindre. Jouissant alors d'une certaine fortune et estimant que sa collection d'antiquités était suffisamment riche, Aubin, en 1840, vendit son établissement et quitta ce pays troublé pour revenir en France.

En 1859, il fonda, en compagnie de MM. Leon de Rosny, Alfred Maury, Charles de Labarthe et Jomard une société qui, tout d'abord nommée Société d'Ethnographie americaine devint ensuite Société d'Ethnographie americaine et orientale et enfin Société d'Ethnographie. C'est dans les « Memoires » et les « Archives » de plusieurs des sections de la Société d'Ethnographie qu'Aubin publia la plupart de ses travaux. Il y fut très engage par le savant mexicain Don Jose Fernando Ramirez qui insista auprès de lui pour qu'il publiât le plus de manuscrits possible de sa collection ; il n'en a publié malheureusement qu'un très petit nombre et la plus grande partie de ses précieux documents attend encore la reproduction.

Aubin mourut à l'âge de 89 ans, très fatigué, ne pouvant plus lire ni écrire et complètement retiré du monde. Ça eté peut-être le plus grand des americanistes français, c'est en tout cas à lui que nous devons de pouvoir lire les manuscrits mexicains et c'est lui encore qui a suggéré (involontairement) la méthode à suivre pour le déchiffrement des inscriptions katouniques. Ses principales publications sont : *Memoire sur la peinture didactique et l'ecriture figurative des anciens Mexicains*, publié dans les *Archives de la Société Americaine de France*, nouvelle série, vol. I ; puis les manuscrits : *Tonalamatl, Mappe de Tecpechpan, Mappe Tlotzin, Mappe Quinantzin, Codex de 1576.*

HENRI BEUCHAT.

Bianchi (Thomas-Xavier **de**), orientaliste, né à Paris, le 25 juin 1783 ; † en avril 1864.

Au sortir de l'École des Langues Orientales, il fut envoyé comme « jeune de langue » à Constantinople, en 1804. Il entra, de là, dans la carrière consulaire, puis revint a Paris comme secretaire-interprète du Roi.

En 1829, il fut chargé par le gouvernement de Charles X d'une

mission difficile et délicate auprès du dey d'Alger, Husseinpacha, au sujet des débats qui motivèrent l'expédition d'Alger, laquelle, du reste, suivit bientôt. C'est à cette occasion qu'il écrivit : *Relation de l'arrivée dans la rade d'Alger du vaisseau de S. M., La Provence*, et détails précis de l'insulte, etc. Paris, 1830.

Il fut ensuite nommé suppléant à la chaire de Turc, de Jaubert, à l'École spéciale des Langues orientales vivantes, et occupa pendant quelque temps cette suppléance, puis fut mis prématurément à la retraite en 1842.

On doit surtout à ce savant et modeste orientaliste des travaux lexicographiques estimés pour l'étude pratique de la langue Turque, et des traductions.

Ses principaux ouvrages sont : *Notice sur le premier ouvrage d'anatomie et de médecine imprimé en turc, à Constantinople, en 1820, intitulé Miroir des corps dans l'anatomie de l'homme*. Paris, 1821 ; in-8° ; — *Itinéraire de Constantinople à la Mecque*, extrait et traduit de l'ouvrage turc de Mohammed-Edil, intitulé *Kitab Menâsik el Hadj, Le Guide du Pèlerin*. Paris, 1825 ; — *Vocabulaire français-turc*. Paris, 1828 ; in-8° ; — *Dictionnaire Turc-Français*, en collaboration avec J.-D. Kieffer. Paris, 1835-1837 ; deux vol. in-8° ; 2ᵉ édit. Paris, 1850 ; — *Guide de la conversation en Français et en Turc*. Paris, 1839 ; in-8° ; — *Nouveau Guide de la conversation en Français et en Turc*. Paris, 1839 ; in-8° ; 2ᵉ édit. 1852 ; — *Notice et Catalogue de la Bibliographie Égyptienne*. Paris, 1843 ; — *Sekqathly humaïoun ou Charte impériale du 18 février 1856*. Paris, 1856 ; — *Bibliographie Ottomane* ou Notice des ouvrages publiés dans les imprimeries de Constantinople ; etc... Ainsi qu'on le voit, les ouvrages de Bianchi ont, comme nous l'avons dit, principalement pour but de faciliter la connaissance pratique de la langue Turque. Il a, en outre, donné plusieurs articles, au nombre desquels l'étude sur la Bibliographie Ottomane, que nous venons de citer, dans le *Journal Asiatique*, dont il fut l'un des fondateurs.

Il fut également l'un des fondateurs de la Société d'Ethnographie.

Modeste autant que savant, intègre et digne, n'ayant pas la souplesse d'échine de nos modernes arrivistes, ne sachant ni

courber ni plier, rien d'étonnant qu'il n'ait pas réussi à occuper des chaires où l'appelait son mérite et qu'il eût honorées, autant par la dignité de sa vie que par sa saine érudition et son robuste savoir.

C.-A. PRET.

Bonneau (Alexandre), né à Exoudun, Deux Sèvres, le 24 avril 1820 . † à Peloin, le 25 juillet 1891. — Après avoir fait de bonnes études à Paris, il se rendit en Afrique, où il avait obtenu une place dans l'administration civile de l'Algerie. De retour à la capitale, il s'adonna avec succès à la littérature et à la poésie. Son contact avec les populations Arabes et Berbères, durant son séjour sur le territoire Barbaresque, l'engagea à s'occuper des grands problemes qui motivèrent la création de la Société d'Ethnographie de Paris dont il fut l'un des membres fondateurs et aux séances de laquelle il fit plusieurs communications intéressantes. Son étude sur la situation des peuples de l'Asie Orientale, en présence des intérêts opposés de l'empire Russe et de l'empire Ottoman, qu'il fit paraître dans la *Revue Orientale et Américaine*, 1859 , t. I, p. 237, sous le titre de « Voltaire, Catherine II et Moustapha III », fut très remarquée. En faisant la lecture de ce curieux travail, il énonça, sur la marche évolutive de la Civilisation, quelques idées qui, developpées et élargies comme elles l'ont ete par la suite, devaient contribuer à établir sur des bases larges et fecondes les sciences ethnographiques. Ce sont ces idées qu'il appelait « la Politique au jour le jour », « la Politique des interêts actuels ou prochains », et « la Politique de l'Avenir, fondée sur les aperceptions des philosophes et des penseurs ».

Dans une étude sur « Les Stoupas, monuments religieux du Bouddhisme », il appela l'attention des savants sur les curieuses recherches de Holmboe, de Christiania, tendant à établir des affinités étonnantes entre ces curieuses constructions indiennes et les *haug* ou tumuli de la péninsule Scandinave (*Même recueil*, t. II, p. 15 et sv.).

Le mémoire d'Alexandre Bonneau sur le « Droit de Conquête, l'Europe devant l'Orient », avait pour but de signaler à la Société d'Ethnographie dans quelle mesure les nations Européennes qui figurent « à peine pour un quart dans

l'ensemble de l'humanité » avaient le droit de dominer les cinq parties du monde et de « dicter des lois à sept ou huit cent millions d'hommes, sous prétexte de leur porter la lumière d'une civilisation nouvelle ». (*Même recueil*, 1860, t. III, p. 371 et sv.). — Il serait certainement très opportun de relire ce beau travail en ce moment d'agitation sociale universelle et de méditer profondément sur les justes et remarquables idées qu'il renferme.

Alexandre Bonneau fut en outre un journaliste des plus féconds, et les nombreux articles qu'il inséra dans la *Presse* et dans l'*Opinion nationale* furent souvent très remarqués. Il a été collaborateur de l'*Encyclopédie du XIXe siècle* et de la *Revue Contemporaine*. — Parmi les ouvrages d'Alexandre Bonneau, nous avons à signaler ici : *La Révolte de l'Inde*, 1857 ; in-4°, avec cartes. — *Les Turcs et la Civilisation*, 1860 : in-8°. — *Rome et la Méditerannée*, 1861 ; in-8°. — *Haïti, ses progrès, son avenir*, 1862; in-8°. — *Atlas politique de l'Europe*, 1864; in-fol. avec planches et cartes, ouvrage qui a devancé les grands travaux ethnographiques de Berghaus ayant pour but de montrer par la cartographie les différentes périodes du progrès des sociétés humaines.

V. Dumas.

Bonnetty (Augustin), né à Entrevaux, Basses-Alpes, le 9 mai 1798 ; † à Paris, le 26 mars 1879. — Notice biographique, publiée dans le *Bulletin de la Section Orientale*, t. IV, p. 31, avec portrait, par

A. de Meissas

Bourgoing (le baron Paul-Charles-Amable **de**), né à Hambourg (Allemagne), le 19 décembre 1791 ; † le 16 août 1864. — Notice biographique publiée dans les *Actes de la Société d'Ethnographie*, t. V, p. 129, par

Alfred Lédier.

Brasseur de Bourbourg (l'abbé), né à Bourbourg, Nord, le 8 septembre 1814 ; † à Nice, le 8 janvier 1874. — Notice historique publiée dans les *Actes de la Société d'Ethnographie*, t. VIII, p. 138, par

Éd. Madier de Montjau.

Brunet de Presle, né a Paris, le 10 novembre 1809 ; †
au Parouseau, Seine-et-Marne, le 12 septembre 1875 — Notice
publiée dans les *Mémoires du Congrès international des Orientalistes,* session inaugurale de 1873, t III, p 28, par

E Revillout.

Chodzko (Alexandre), né a Hrzywiczka, le 18 août 1806 ;
† à Noisy-le-Sec, Seine, le 19 decembre 1891, dans sa 89'
année. — Ce savant orientaliste descendait d une ancienne
famille de seigneurs Lithuaniens Il était arrivé a connaître
la langue persane et a l'écrire d'une telle façon que les lettrés
de l'Irân n'hésitèrent pas à dire que personne. dans leur pays, ne
connaissait mieux leur idiome national que ce savant polonais

Ses remarquables connaissances en ethnographie et en linguistique slaves lui valurent d'etre nommé professeur au College
de France, en remplacement de Cyprien Robert. Assidu aux
séances de la Societe d Ethnographie, il apporta à plusieurs
reprises le precieux concours de sa rare erudition Il communiqua notamment dans une reunion de cette societé, une
curieuse etude sur Saint Gregoire, legende du XIe siecle,
traduite du paléoslave (publiee dans la *Revue Orientale et
Américaine*, t. I, p 167).

La solide connaissance que possédait Alexandre Chodzko
n'ont seulement des idiomes Slaves, mais aussi des langues
Arabe, Turque et Persane, lui permit d'aborder avec une
rare autorité l'etude de plusieurs problemes tres considerables,
mais souvent aussi forts complexes et obscurs, de l'ethnographie asiatique. A maintes reprises, il communiqua à ses collègues les théories qu'il se proposait d'etablir, d'une part sur
la marche des migrations Touraniennes de l'Asie Centrale dans
la direction de l'Europe, notamment en Turquie et sur le territoire Magyar, d'autre part sur les migrations Aryennes qui
s'étaient répandues aux époques archaïques dans la direction
de l'Ouest Indien, dans le Caboul, dans le Belouchistan et
dans l'Afghanistan.

Il avait en outre reuni de très précieux indices sur les
nombreux melanges ethniques qui ont evolue jadis dans
la région montagneuse du Caucase et dans la partie Nord-Est
de la mer d'Azof, ainsi que sur quelques particularites geolo-

giques se rattachant au mode d'existence des peuplades voisines du grand lac ou mer intérieure d'Aral.

L'ouvrage de longue haleine qu'il avait commencé pour l'exposition de ses savantes doctrines sur ce curieux ensemble de problèmes d'ethnographie et de linguistique comparée a été malheureusement interrompu par son décès, alors qu'il avait su se maintenir sans cesse sur la brèche malgré son âge très avancé. Sa charmante famille n'a pas cru devoir livrer à la publicité la grande œuvre qu'il avait ainsi entreprise avec une ardeur junévile, alors qu'il était déjà plus que septuagénaire. On peut espérer du moins qu'un de ses intelligents disciples aura un jour l'utile pensée de nous faire part des souvenirs qu'il aura sans doute conservés de son docte et très remarquable enseignement.

CHARLES FAVART.

Cortambert (Eugène), né à Toulouse, le 12 octobre 1805 ; † à Paris, le 5 mars 1881. — Professeur de Géographie au Lycée Charlemagne, il acquit bien vite une sorte de popularité par les nombreux ouvrages qu'il fit paraître pour l'enseignement pratique de cette science dans les écoles. Il fut plus tard attaché au Département des Cartes et Plans de la Bibliothèque Impériale de Paris. Collaborateur actif et éclairé de la Société d'Ethnographie, il s'attacha tout particulièrement, lors de la fondation de cette société, à y assurer une large place aux études d'histoire et d'archéologie Américaines, avec le concours d'Aubin, de Brasseur de Bourbourg, de Jomard, d'Adrien de Longpérier, de Malte-Brun, d'Alfred Maury et des autres organisateurs de la grande association scientifique dont les bases furent définitivement jetées en l'an 1859. C'est à ce titre qu'il communiqua en séance publique un premier *Rapport sur les progrès de l'Ethnographie Américaine* (publié dans les *Actes*, t. I, p 117). Dans ce travail et dans plusieurs communications faites aux séances, ce savant géographe insista sur l'intérêt tout particulier qu'il y avait à connaître le mode de peuplement des régions Américaines voisines du Cercle populaire Arctique et à rattacher à l'ethnographie du Nouveau-Monde les habitants de l'Islande, du Groënland et même ceux qui ont occupé à certaines époques le Spitzberg, île que, contrairement à l'usage adopté par la plupart des

géographes, il croyait devoir séparer de l'Europe pour la rattacher aux régions des Esquimaux, ou plutôt des *Huskis*, population sémitique repandue sur la majeure partie des régions côtières de l'Amérique Boreale.

Parmi les nombreuses publications d Eugène Cortambert, nous nous bornerons à citer les suivantes comme renfermant d'utiles renseignements pour les recherches de l'ordre ethnographique : *Physiographie, Description generale de la Nature*, Paris, 1836 ; in-8. — *Tableau de la Cochinchine* (publié sous les auspices de la Société d'Ethnographie, en collaboration avec M. Léon de Rosny). Paris, 1862, in 8 avec pl et carte. — *Geographie universelle de Malte-Brun* (edition entièrement refondue et mise au courant des connaissances actuelles). Paris, 1860, huit vol gr. in-8, avec planches.

Eugène Cortambert a été également un des membres les plus actifs de la Société de Géographie de Paris.

M GUIEYSSE.

Denis (Ferdinand), ne à Paris le 13 août 1798. ✝ à Paris, le 2 août 1890 — Notice biographique publiee dans le *Bulletin de la Société d'Ethnographie*, t. XIX, p. 204, par

A. LESOUEF.

Eichhoff (F.-G.), ne au Hâvre, Seine Inferieure, le 17 août 1799 ; ✝ à Paris, le 10 mai 1875. — Notice publiee avec portrait dans le *Bulletin de la Societe d'Ethnographie*, t. XVI, p. 135, par

D. MARCERON.

Foucaux (Philippe Édouard), ne a Angers, le 15 septembre 1819 ; ✝ à Paris, le 19 mai 1894 — Très jeune, il temoigna de son vif désir de connaître l'antique civilisation de l'Inde ; et, dès que ses etudes classiques furent terminees, il vint à Paris, pour apprendre la langue sanscrite sous la direction d'Eugène Burnouf. Les rapides progrès qu il fit dans la connaissance de cette langue lui valurent d'une façon tout à fait exceptionnelle l'estime et la sympathie de son maître, qui resolut de le preparer à devenir un jour son successeur. Dans ce but, il le désigna en 1852 pour être son suppleant au College de France A la mort de Burnouf, Foucaux ceda toutefois la place qu il

occupait à son ancien condisciple, Théodore Pavie ; mais il y fut rétabli en 1857 et devint définitivement titulaire du cours de sanscrit en 1862.

A cette époque, il y avait déjà 20 ans que Foucaux était entré dans le professorat en faisant un cours libre de langue Tibétaine à l'Ecole Spéciale des Langues-Orientales qui était alors établie dans une annexe de la Bibliothèque du Roi, à Paris. Cette langue, d'une importance considérable pour l'ethnographie de l'Asie Centrale et tout particulièrement pour l'étude du Bouddhisme Indien, il avait eu le rare mérite d'en acquérir seul une connaissance assez solide pour pouvoir publier et traduire d'importants écrits composés dans cet idiome du pays des Lama.

Orientaliste de premier ordre, Édouard Foucaux possédait en outre un remarquable esprit critique qui lui permit de projeter d'utiles lumières sur la nature et la portée de la doctrine religieuse de Çâkya-Mouni et de son École. On peut même dire à cet égard qu'il dépassa non seulement son célèbre maître, l'académicien Burnouf, mais la plupart des autres Indianistes de son époque. Il n'hésita pas, par exemple, à déclarer, avec autant d'énergie intellectuelle que de profonde érudition, combien était fausse la croyance communément répandue d'après laquelle le *Nirvâna* bouddhique était purement et simplement « le Néant ». Quand on attribue à ce mot indien le sens « d'Anéantissement final », on oublie, disait-il sans cesse à ses élèves, -— et j'étais du nombre, — de se demander qu'est-ce qui pouvait s'anéantir, alors que l'être émancipé avait rempli les conditions voulues pour sortir du *Rûpa-lôka* ou « Monde de la Forme », pour pénétrer dans la sphère d'évolution de l'*Arûpa-lôka* ou « Monde dépourvu de Forme ». Il avait à ce sujet découvert de vieux textes où il était dit que le Bouddha après être entré dans le Nirvâna, pourrait revenir, non seulement dans le *Déva-lôka* ou « Monde des Esprits », mais même dans le Monde inférieur de la Forme, lorsque son concours serait de nouveau nécessaire à l'évolution de l'œuvre éternelle de la Nature.

Doué d'une patience à toute épreuve, Foucaux fit de nombreuses copies merveilleusement calligraphiées d'anciens livres Brahmaniques et Bouddhiques écrits tant en langue

sanscrite qu'en langue tibétaine. et nous fit connaître par la
traduction de plusieurs fragments le fameux *Kandjour*, ouvrage
sans doute le plus volumineux qui ait jamais existé, ce dont
on pourra avoir idée si l'on se rappelle qu'il fallut une troupe
de quatre-vingts chameaux pour porter à Saint Petersbourg
un exemplaire incomplet de ce recueil que le Fils du Ciel avait
voulu offrir à l'Empereur de toutes les Russie.

Au sein de la Société d'Ethnographie, Foucaux se signala
par un zèle et un dévouement inepuisables. Plusieurs de ses
communications eurent d'importants échos dans le domaine de
l'erudition et de la pensée contemporaine. Lorsque Max-Muller,
par exemple, imagina de créer une branche nouvelle de
recherches sous le titre de « Science de la Mythologie Comparée », une ardente dispute s'engagea en France contre
l'opportunite de cette création. Charles de Labarthe, entre-
autres. démontra combien il était preferable et plus opportun
que jamais à cette époque de jeter les bases de « La Science des
Religions Comparees ». Foucaux prit part aux débats qui
se renouvelèrent à plusieurs reprises, pendant et à la suite de
nos séauces. sur les graves problèmes que cette nouvelle
science aurait pour but de résoudre dans des conditions tout
particulièrement avantageuses. Au cours des doctes conver-
sations qu'il engagea à cet égard, il ne manquait pas
d'insister sur l'importance exceptionnelle d'approfondir la
doctrine bouddhique qui. disait-il, « est professée par environ
la moitié de l'humanité récensée ».

Foucaux avait également entrepris de minutieuses recherches
sur la très curieuse question des Nestoriens et de leurs
rapports avec les Bouddhistes de l'Asie Centrale. On lui doit
en outre d'importantes études sur une civilisation antique et
à peu près inconnue qui avait accompli ses premiers develop-
pements dans les contrées voisines de l'Himâlaya, du Kouen-
lun, et tout particulièrement dans la region située au Nord-Est
du pays de Ladâk. Il avait promis à la Société d'Ethnographie
de lui faire connaître les résultats de ses découvertes dans
cette voie jusqu'alors presque complètement inexplorée. quand
la mort vint mettre un terme à sa savante et laborieuse carrière.

L'Académie des Inscriptions et Belles-Lettres n'eut pas l'hon-

neur de compter Édouard Foucaux au nombre de ses membres, bien qu'il fut plusieurs fois question de l'y admettre.

Parmi les remarquables publications de ce grand orientaliste, nous nous bornerons à citer les suivantes : *Grammaire de langue Tibétaine*. Paris, 1859, in-8°. — *Histoire du bouddha Sâkya-Mouni*, texte tibétain et traduction française. Paris, Imprimerie Nationale, 1848 ; deux vol. in-4°. — *Parabole de l'Enfant égaré*, publiée en sanscrit et en tibétain, avec traduction française. Paris, 1854 ; in-8°. — *Le Trésor des Belles paroles*, choix des sentences tibétaines ; texte et traduction. Paris, 1858 ; in-8.

A cette liste, il convient d'ajouter ici les mémoires qui ont paru dans les différents recueils périodiques de la Société d'Ethnographie : Iconographie bouddhique. (*Mémoires de l'Athénée Oriental*; t. I, p. 79 et sv.). — Le Religieux chassé de la communauté, extrait du *Kandjour* (Livre de la Discipline), traduit du tibétain pour la première fois. (*Même vol.*, p. 105 et suiv.).

Léon de Rosny.

Garcin de Tassy, (Joseph-Héliodore-Sagesse-Vertu), né à Marseille le 20 janvier 1794, † à Paris le 20 septembre 1878. Il quitta encore jeune sa ville natale, où il avait étudié l'arabe vulgaire, et vint à Paris dans l'intention d'apprendre les langues orientales pour lesquelles il avait une aptitude remarquable.

Il étudia avec Silvestre de Sacy, l'émérite orientaliste, qui le prit en affection, et, avec un guide pareil, le jeune homme fit de rapides progrès dans les langues arabe, persane, turque et hindoustanie.

Ce fut son grand désir de faire de cette dernière langue sa spécialité, et, sous les auspices de son illustre maître, il fonda l'enseignement de la langue hindoustanie à l'Ecole spéciale des Langues Orientales vivantes.

Bientôt après, conformément au décret du 10 germinal, an III, Garcin de Tassy composa son cours d'enseignement intitulé : *Rudiments de la langue indoustanie*.

En 1838, il fut nommé Membre de l'Académie des Inscriptions et Belles-Lettres, et publia chaque année, en plus de ses

nombreuses traductions, des discours résumant l'histoire de
la langue et de la littérature dans l'Hindoustan pendant
l'année écoulée.

On reproche à Garcin de Tassy sa méthode de traduction qui
d'ailleurs est le système de son maître et qui, aujourd'hui
même a des adeptes . la traduction synthétique ! A présent on
a d'autres exigences et cette façon de traduire serait fort
critiquée, car, dans les traductions analytiques actuelles, il
faudrait faire ressortir l'étude de la grammaire et de la langue
en général.

Garcin de Tassy fut membre actif de la Société Orientale
de France, alors présidée par le duc de la Rochefoucault-
Doudeauville, et collabora comme tel dans la *Revue de l'Orient*
dont le directeur était alors M. Victor Langlois, l'explorateur
de la Cilicie.

C'est vers 1858 que Garcin de Tassy apprit qu'il était
question de fonder a Paris une société pour l'étude de
l'Ethnographie, dans laquelle, a la demande d'Aubin, les
études relatives aux périodes pré-colombiennes du Nouveau-
Monde devaient être représentées par une section particulière.
Garcin de Tassy crut qu'une section pour l'étude des nations
orientales s'imposait, et l'on donna -suite a son vœu. La
nouvelle société fut fondée par arrête ministeriel en 1859
sous le titre de « Société d'Ethnographie américaine et
orientale ».

Un des présidents du bureau de formation de cette société
étant décédé, la première année de son existence, Garcin de
Tassy fut elu à sa place le 19 décembre 1859.

Parmi les travaux publiés par le savant orientaliste, il
convient de citer ceux qui se rattachent plus spécialement aux
études ethnographiques et qui ont eu pour but de nous faire
connaître le mouvement intellectuel et religieux des peuples
musulmans et indous, savoir : *Rhetorique et prosodie musulmane,
Particularités de la religion musulmane, l'Islamisme d'après le
Koran, la Poésie chez les Persans,* etc., etc.

Membre très actif de la Société d'Ethnographie. dont il fut
le président en 1864, il y prit part aux discussions les plus
importantes. Parmi les travaux qu'il y communiqua, on cite
notamment son *Discours sur l'importance de l'Ethnographie*

au point de vue de l'étude des œuvres poétiques des différents pays (publiés dans les *Actes de la Société d'Ethnographie,* t. V, p. 56) et puis une *Critique des théories de Stendhal sur sa classification des langues* publiée par la *Revue Orientale et Américaine* au tome II, p. 294.

On trouve des renseignements nombreux et variés sur la littérature musulmane dans un de ses ouvrages, considéré comme chef d'œuvre au point de vue technique, « *l'histoire de la langue et de la littérature hindoustanies* » qui est une série de discours prononcés au Collège de France.

Un premier volume, publié en 1839, renferme de plus une nomenclature et une biographie succinte de plus de sept cents écrivains classés par ordre alphabétique ; les volumes suivant publiés un peu plus tard, contiennent de nombreux extraits des principaux ouvrages écrits dans les deux dialectes modernes de l'Inde.

Garcin de Tassy publia en outre les « *Rudiments de la langue Hindoustanie et Hindoue* » ; la « *Chronique de Scher-Schah* » ; une traduction admirable du « *Bag-o-Bahar* » ; une « *Étude sur les auteurs hindoustanis* », et les « *Aventures de Kamrup* » traduites en français.

Il faut aussi citer son article remarquable sur la *Biographie de Saadi*, le gracieux auteur du Bostan et du Gulistan, cet écrivain persan plus célèbre en Europe que Firdouci lui-même *(Journal Asiatique).*

Au 1er Congrès international des Orientalistes, tenu à Paris en 1873, sous la présidence de M. Léon de Rosny, président du Comité national d'organisation, nous voyons Garcin de Tassy prêter son concours à la fondation du congrès et y siéger en qualité de membre délégué.

Ajoutons que le salon de Garcin de Tassy eut, pendant un certain temps une véritable célébrité parce qu'on y rencontrait la plupart des savants étrangers qui venaient faire un séjour en France ou y étudier.

Garcin de Tassy fut président de la Société Asiatique de Paris ; la Société asiatique de Londres et la Société royale de Copenhague le comptent parmi leurs membres.

L'âge ne ralentit pas cet infatigable érudit et il continua jusqu'à sa mort ses publications et son enseignement au Col-

43ᵉ année.   Tome XX   N° 2.

BULLETIN

DE LA

SOCIÉTÉ D'ETHNOGRAPHIE

Reconnue comme Établissement d'utilité publique

Publié par **CELESTIN PRET,** secretaire-général

Avec le concours de MM. BEUCHAT, G. DE DUBOR, CH. FAVART, LÉON DE ROSNY
le Dʳ DELBET et J. LEBEL
membres de la Commission de Publication

Présidence de M. Paul GUIEYSSE

SOMMAIRE

INDEX ANALYTIQUE des deux premières series **(Edme Gallois)** *fin*... . .   65
— des planches et figures....   77
NOTICES BIOGRAPHIQUES des principaux ethnographes français et étrangers.
    I. Fondateurs de la Société d'Ethnographie.
— Aubin **(H. Beuchat)**......   83
— Bianchi **(C.-A. Pret)**   85
— Alexandre Bonneau **(V. Dumas)**   87
— Alexandre Chodzko **(Charles Favart)** .....:   89
— Eugène Cortambert **(M. Guieysse)**.   90
— Ph.-Ed. Foucaux **(Léon de Rosny)**...   91
— Garcin de Tassy **(Ed. Nepveu)**........   94

PARIS

ERNEST LEROUX, ÉDITEUR
28, rue Bonaparte, 28

L'ABONNEMENT AU VOLUME COURANT : **8 francs**
sans distinction de pays
Un numéro séparément: **1** franc. — Pour les Membres: **50 cent.**

SOCIÉTÉ D'ETHNOGRAPHIE

reconnue comme Établissement d'utilité publique
par décret du 14 juin 1880

28, rue Mazarine, à Paris

BUREAU POUR 1903

Président : Paul GUIÈYSSE, député, ancien ministre, 2, rue Dante, Vᵉ.

Vice-Président : Léon DE ROSNY, 28, rue Mazarine, VIᵉ, (reçoit au bureau les jeudis, de 5 à 7 heures).
—   Le Dʳ DELBET, 2, rue des Beaux-Arts, VIᵉ.

Secrétaire-Général : C.-A. PRET, docteur en droit, 39, rue Monge, Vᵉ, (reçoit au secrétariat, les jeudis de 6 à 7 heures).

Secrétaire-Adjoint : Charles FAVART, 5, rue Linné (reçoit au secrétariat les jeudis de 6 à 7 heures).

Trésorier : Ch. BEUCHAT, 4, rue Malher (reçoit au secrétariat, les mercredis, de 2 à 4 heures).

Conditions pour faire partie de la Société.

Les personnes qui désirent faire partie de la Société doivent en adresser la demande au secrétaire-général, 28, rue Mazarine, en joignant à leur demande les pièces suivantes : 1º Nom, prénoms et adresse exacte ; — 2º indication des études dont on s'occupe dans le ressort des travaux de la Société ; — 3º une valeur de TRENTE-CINQ francs représentant le droit d'entrée et la première cotisation annuelle. (Les autres années, la cotisation est de 30 francs pour les membres titulaires ou de 15 francs pour les membres Correspondants).

Publications.

Les membres reçoivent l'année de leur admission le *Bulletin* trimestriel et les *Mémoires* de tous les Comités faisant partie de la Société d'Ethnographie. Les autres années, ils reçoivent le *Bulletin*. S'ils désirent continuer à recevoir les Mémoires de tous les Comités, ils doivent acquitter la cotisation annuelle des membres Titulaires (30 fr.).

Diplômes.

Les membres peuvent se faire délivrer un Diplôme gratuitement sur papier ou moyennant 5 francs *sur parchemin.* — En adresser la demande au secrétaire-général.

Séances.

Les membres habitant Paris et la circonscription reçoivent à domicile des convocations pour les séances ordinaires et générales. Tous ces membres peuvent prendre part aux élections par envoi de leur vote sous pli cacheté.

L'UNIVERSITÉ POPULAIRE

La *Coopération des Idées*, 157, Faubourg Saint-Antoine, est la premiere des Universités populaires C'est d'elle qu'est sorti l'admirable mouvement d'education populaire qui a pris cette forme. Elle s'est maintenue jusqu'ici dans l'esprit large qui l'a inspiré et qui est vraiment sa raison d'être. Elle est réellement une œuvre de libre enseignement supérieur populaire par la coopération et la concurrence des idées, suivant une méthode qui lui est propre d'éducation par et pour la liberté, d'action sociale organique. Elle est ouverte, *sans restriction*, à toutes les croyances, à toutes les volontés, a tous les cœurs. Elle n'exclut que l'exclusion.

La Coopération des idées, a l'heure actuelle, a plus de 1000 adherents ouvriers qui suivent ses cours, ses conférences, ses spectacles, qui participent a toutes ses œuvres. Il y a une conférence et plusieurs cours chaque soir, même l'eté, et une représentation artistique ou un concert chaque dimanche.

`C'est un devoir pour tous ceux qui le peuvent d'apporter leur concours à une telle institution. — Les conférenciers de bonne volonté sont priés de s'adresser a M. G. DEHERME, fondateur-directeur, 157, rue du Faubourg Saint-Antoine, a Paris.

LA REVUE DU BIEN

Voici une publication qu'il est intéressant de signaler ; c'est **La Revue du Bien** (dans la vie et dans l'art), qui publie des chroniques, des poèmes, des contes et nouvelles, des variétés, des études sur toutes les œuvres de philanthropie, de solidarité, de prévoyance et d'éducation, des biographies des maîtres d'aujourd'hui ou de demain dans la peinture ou la sculpture, etc. Elle contient, dans chaque numéro, des gravures de choix, documentaires ou artistiques, portraits, vues, œuvres d'art. Elle peut — elle doit — etre mise dans toutes les mains.

On s'abonne à la *Revue du Bien*, 110, rue du Bac, Paris, depuis le 1er janvier ou le 1er juillet au choix, pour : 5 fr. (Paris et Seine-et-Oise); 6 fr. (départements); 8 fr. (colonies et étranger); un numéro spécimen est envoyé contre vingt-cinq centimes en timbres-poste.

SOCIÉTÉ D'ETHNOGRAPHIE
RECONNUE COMME ÉTABLISSEMENT D'UTILITÉ PUBLIQUE

PUBLICATIONS

I. — ACTES ET BULLETIN

Première série. *Paris*, 1859-86. — Dix vol. in-8°........ 130 fr. »
Seconde série. *Paris*, 1887-99. — Neuf vol. in-8°........ 66 fr. »

II. — MÉMOIRES. — SÉRIE IN-4°

Tome I. — Introduction, par CARNOT, président. — Mémoire sur
l'nfériorité des Civilisations précoces, par le Dr Gaëtan DELAUNAY.
— Etude ethnographique sur les Bachkirs, par Wl. DE YOUFEROFF.
— Les documents écrits de l'antiquité Américaine, par Léon
DE ROSNY. — Ethnographie de l'Amérique antarctique, par P. DE
LUCY-FOSSARIEU. — Ethnographie de l'Aquitaine, par Alph. CAS-
TAING. *Paris*, 1881-85. — Un vol. in-4° avec 16 cartes ou plan-
ches.. ...... 25 fr. »
Tome II. Les Antilles. Etude d'Ethnographie et d'Archéologie
américaines, par LUCIEN DE ROSNY. *Paris*, 1886. — Un vol. in-4°
avec figures et 8 planches en noir et en couleurs...... 25 fr. »

III. — MÉMOIRES. — SÉRIE IN-8°

Tome I. — Mémoires d'Ethnographie théorique et descriptive. *Paris*,
1896. — Un vol. in-8° (en cours de publication)....... 12 fr. 50
Tome II. — Recherches ethnographiques sur les Serments, par
LUCIEN DE ROSNY. *Paris*, 1891. — Un vol. in-8° (en cours de pu-
blication). .... 12 fr. 50
Tome III. — Mémoires du Congrès international des Sciences
Ethnographiques Session de 1889. *Paris*, 1892. — Un vol. in-8°
(en cours de publication)............................. 12 fr. 50
Tomes IV et V. — Traité d'Ethnographie générale et descriptive,
par Léon DE ROSNY. *Paris*, 1895. — Deux vol. in-8° (en cours de
publication)... 25 fr. »
Tome VI. — Mémoires d'Ethnographie théorique et descriptive.
Paris, 1896, 1 vol. in-8° (en cours de publication)...... 12 fr. 50

La collection complète des publications de la Société d'Ethnographie
comprend en outre les *Mémoires* de ses différentes Sections. (Voir le
Catalogue spécial).

$\left(\substack{\text{Fondé} \\ \text{en} \\ 1879}\right)$ **L'ARGUS DE LA PRESSE** $\left(\substack{\text{Fondé} \\ \text{en} \\ 1879}\right)$

PARIS, 14, rue Drouot, **PARIS**

TIME is money.

« Pour être sûr de ne pas laisser échapper un journal qui
« l'aurait nommé, il était abonné à *L'ARGUS DE LA*
« *PRESSE* qui *lit, découpe et traduit tous les journaux du*
« *monde, et en fournit les extraits sur n'importe quel sujet.* »
HECTOR MALOT (*Zyte*, p. 78 et 323.

TIME is money.

SUCCURSALES : LONDRES, BERLIN, VIENNE, ROME, MADRID, NEW-YORK, ETC.

BAUGÉ (Maine-et-Loire). — IMPRIMERIE DALOUX, DANGIN successeur.

www.ingramcontent.com/pod-product-compliance
Lightning Source LLC
LaVergne TN
LVHW080225200726
843508LV00007B/1474